Heinz Strauf

Grundkurs OneNote

PERSEN

Der Autor

Heinz Strauf war Schulleiter an einer Hauptschule, unterrichtete die Fächer Deutsch, Mathematik und Informatik. Er ist Autor zahlreicher Veröffentlichungen.

1. Auflage 2023

AAP Lehrerwelt GmbH
Veritaskai 3
21079 Hamburg
Telefon: +49 (0) 40325083-040
E-Mail: info@lehrerwelt.de
Geschäftsführung: Christian Glaser, Sandra Saghbazarian, Robin Schlenkhoff
USt-ID: DE 173 77 61 42
Register: AG Hamburg HRB/126335

Wir verwenden in unseren Werken eine genderneutrale Sprache. Wenn keine neutrale Formulierung möglich ist, nennen wir die weibliche und die männliche Form. In Fällen, in denen wir aufgrund einer besseren Lesbarkeit nur ein Geschlecht nennen können, achten wir darauf, den unterschiedlichen Geschlechtsidentitäten gleichermaßen gerecht zu werden.

Autorschaft:	Heinz Strauf
Covergestaltung:	TSA&B Werbeagentur GmbH, Hamburg
Covergrafik:	Julia Flasche
Screenshots:	Heinz Strauf
Illustrationen:	Oliver Wetterauer, Julia Flasche
Satz:	Typographie & Computer, Krefeld
Druck und Bindung:	Esser printSolutions GmbH, Bretten

ISBN: 978-3-403-21108-2
www.persen.de

Inhaltsverzeichnis

Warum OneNote?

Hast du den Namen **OneNote** schon einmal gehört? Kennst du dieses Programm? Womöglich hast du beide Fragen mit **NEIN** beantwortet, was auch gar nicht verwunderlich ist, schließlich arbeitest du in der Schule mit dem Office-Paket und seinen bekannten Anwendungen wie Word, Excel und PowerPoint. Wozu also ein weiteres Programm?

OneNote ist ein Programm, das in Firmen sehr verbreitet ist. Das heißt aber nicht, dass es für den Einsatz in der Schule oder im privaten Bereich ungeeignet ist. Du wirst schnell merken, wie sinnvoll der Einsatz dieses kleinen, aber sehr effektiven Programms für dich sein kann.

Worum geht es bei OneNote?

Dies erklärt man am besten anhand eines Beispiels. Wenn du etwa ein Referat für das Fach Erdkunde vorbereitest, sammelst du Informationen: Texte, Grafiken, Bilder oder Tabellen, die du dann für dein Referat verwendest.

- Wie sammelst du diese Informationen?
- Nach welchem System ordnest du sie?
- Benutzt du dazu ein Programm?
- Legst du eine Mappe oder einen Sammelordner an?
- Sammelst du die Daten auf deinem Rechner oder fertigst du Kopien bzw. Abschriften der Unterlagen an?
- Tauschst du die Daten mit deinen Mitschülerinnen und Mitschülern aus? Per Messenger oder per Mail?

© doidam10 – stock.adobe.com

© stockpics – stock.adobe.com

Zu diesem Zweck hast du womöglich Mappen mit einem Register verwendet, wo du für die entsprechenden Fächer oder Themen Unterlagen sammelst.
Und so musst du dir auch das System von OneNote vorstellen:

Die Mappe ist das **Notizbuch**.

Die Register sind in OneNote die **Abschnitte**.

In den Abschnitten liegen die **Seiten**, auf denen die Unterlagen gesammelt sind.

Dies sind also die drei Grundbegriffe, die du für die Arbeit mit OneNote brauchst: **Notizbuch, Abschnitte, Seiten**.

Das Programm einrichten

Das Programm **OneNote** ist Bestandteil des Office-Paketes, kann aber auch in verschiedenen Varianten, z. B. für iOS, Android® oder Windows, separat installiert werden. Die nachfolgende Kurzbeschreibung beschränkt sich auf die Version für **Windows 10**.

Bevor du den Download für das Programm startest, solltest du überprüfen, ob sich OneNote bereits auf deinem Computer befindet. Dies ist u. a. möglich, wenn du schon Office-Programme auf deinem Rechner installiert hast.

Drücke dazu die Windows-Taste (Fenster-Symbol). Das Startmenü öffnet sich. Gib in das Eingabefeld „OneNote" ein.

Das Bild rechts zeigt, dass die Desktopvariante von OneNote bereits auf deinem Rechner installiert ist und du sofort starten kannst.

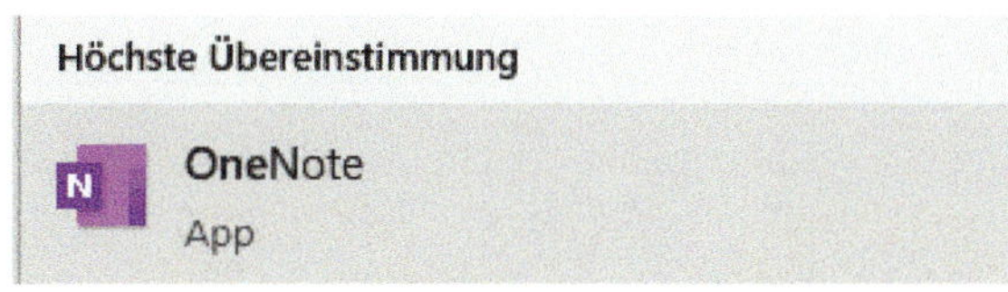

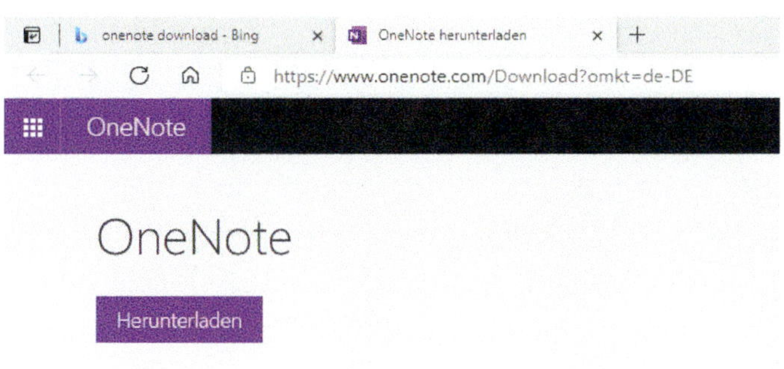

Ist das nicht der Fall, kannst du über *https://www.onenote.com/download* das Programm herunterladen. Dabei wirst du Schritt für Schritt durch den Installationsvorgang geführt, weshalb dies hier im Detail nicht weiter beschrieben wird.

Den Hinweis, dass durch die App Veränderungen hervorgerufen werden, musst du bestätigen.

Ist das Programm geladen, musst du dich mit deinem Microsoft®-Account anmelden. Falls du dort noch nicht registriert bist, musst du dich zunächst hier registrieren, was kostenlos möglich ist. Der Prozess ist ebenfalls einfach und du wirst sicher durch die verschiedenen Schritte geführt:

- E-Mail-Adresse angeben
- Passwort einrichten
- Einrichtung bestätigen

Die Einrichtung des Kontos hat mehrere Vorteile. Als Speicherort wird von OneNote standardmäßig die kostenlose Cloud „OneDrive" genutzt. Dadurch kannst du von allen Stellen und Geräten auf deine Daten zugreifen. Auch andere Personen, mit denen du an einem gemeinsamen Projekt arbeitest, können später darauf zugreifen, sofern die Daten dazu von dir freigegeben wurden.

Nun kann die Arbeit mit OneNote beginnen.

Starten des Programms

Wenn das Programm startet, meldet es sich mit diesem Bildschirm. Hier findest du wichtige Informationen für die Arbeit mit OneNote.

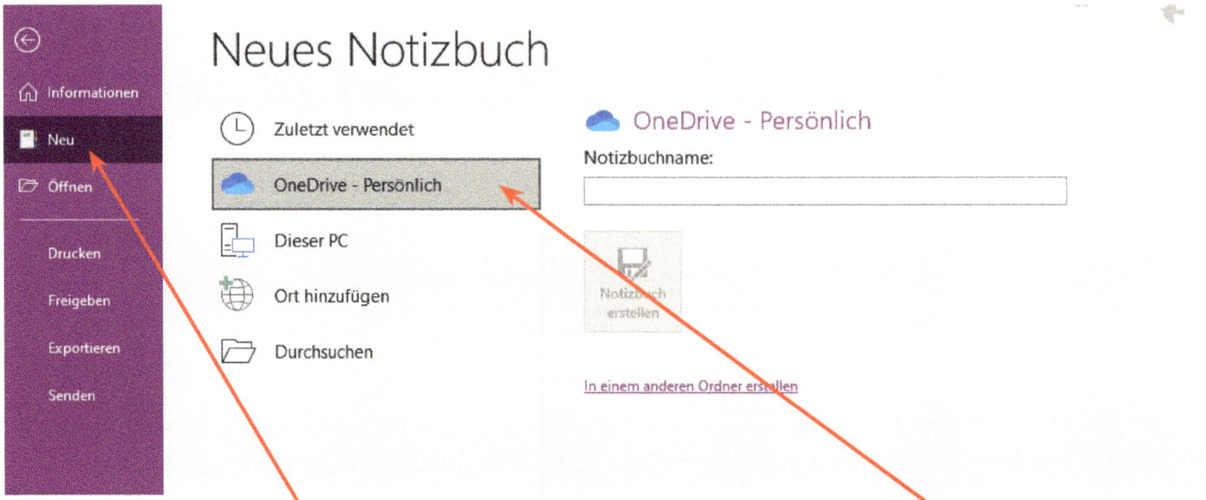

Zuerst wird ein neues Notizbuch erstellt. Die Daten werden auf OneDrive gespeichert. Das hat den Vorteil, dass man selbst und die Personen, die an einem Projekt mitarbeiten, von allen miteinander verbundenen Geräten Zugriff auf die Daten haben. Natürlich ist es auch möglich, hier einen anderen Speicherort auszuwählen. Das soll in unserem Beispiel aber nicht geschehen.

In das Feld „Notizbuchname“ gibst du den gewünschten Namen ein. Wir wählen „Schule“. Diesen Namen bestätigst du, indem du den Button „Notizbuch erstellen“ anklickst.

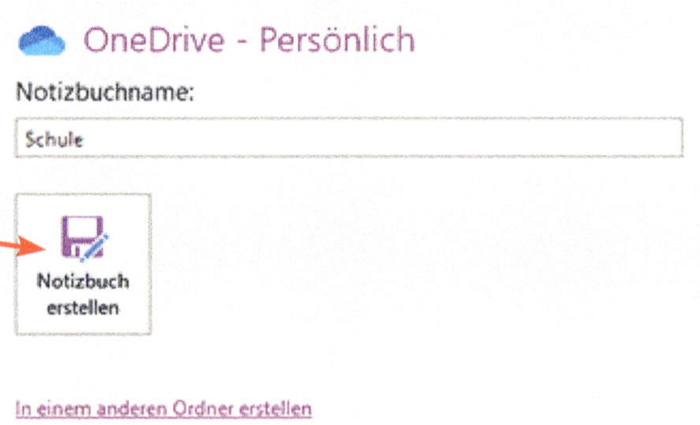

Im nächsten Schritt wirst du gefragt, ob das Notizbuch für andere Personen freigegeben werden soll. Das soll jetzt noch nicht erfolgen, also klickst du den Button „Jetzt nicht“ an.

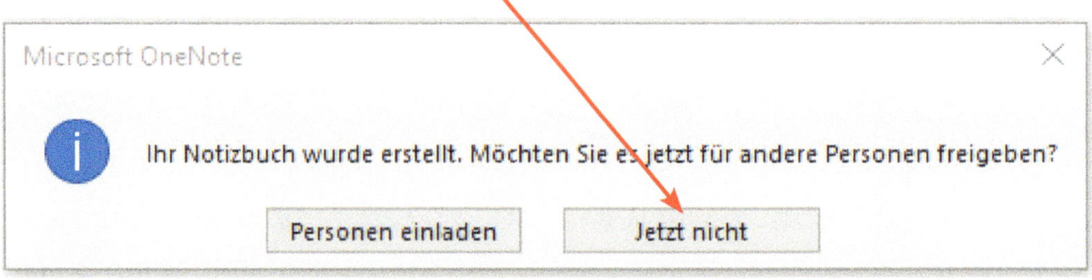

Für die weitere Arbeit kann es natürlich hilfreich sein, wenn mehrere Personen Zugriff auf das Notizbuch haben. Dazu später mehr.

Der Startbildschirm

Jetzt öffnet sich der Startbildschirm. Er sieht so oder ähnlich aus.

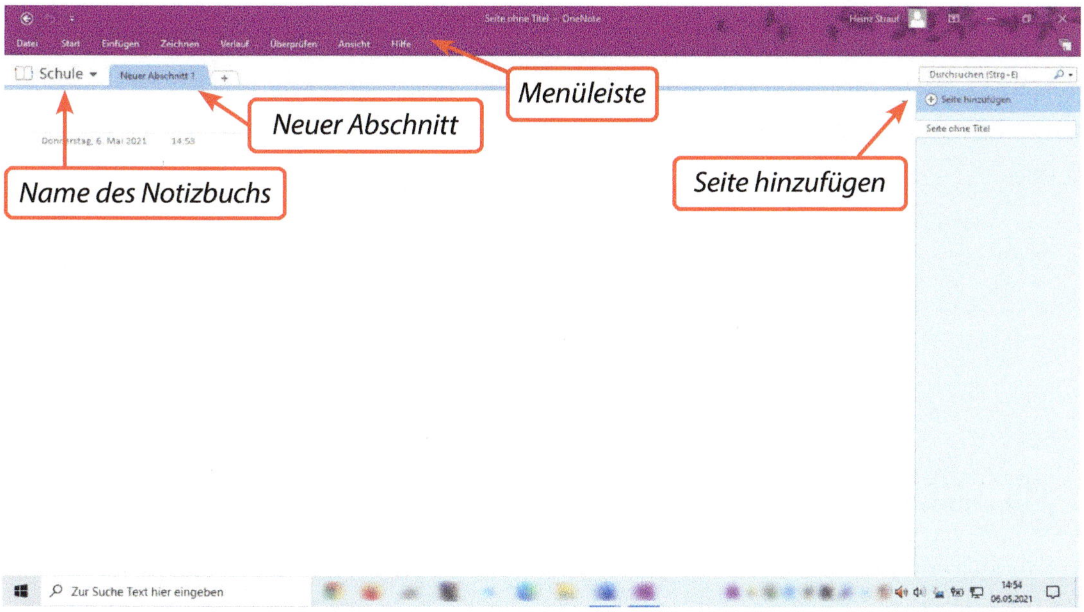

Dieser Bildschirm kommt dir in Teilen aus den Office-Programmen bekannt vor, besonders die Menüleiste mit den Menüpunkten *Datei*, *Start*, *Einfügen*, *Zeichnen*, *Verlauf*, *Überprüfen*, *Ansicht* und *Hilfe*. Die Anwendungen, die sich hinter diesen Punkten verstecken, wirst du im Laufe der Arbeit mit OneNote kennenlernen.

Wir wollen uns zuerst mit der Struktur des Programms befassen. Auf dem Startbildschirm erkennst du die drei wesentlichen Bestandteile:

- Notizbuch
- Abschnitte
- Seiten

Diese drei Begriffe erklären sich anhand eines Beispiels: Im Unterricht sollst du im Fach Deutsch ein Referat erstellen, also legst du ein Notizbuch mit dem Titel **Deutsch** an. Das ist die oberste Ebene.
Das Referat steht unter einem bestimmten Thema, das gerade im Deutschunterricht durchgenommen wird. Das könnte z. B. eine Lektüre wie *„Als Hitler das rosa Kaninchen stahl"* sein. So könnte der Reiter für neue Abschnitte den Namen **Lektüre** erhalten.
Nun werden verschiedene Inhalte auf **Seiten** erfasst: Über die Autorin, Lesetagebuch, Inhaltsangabe usw.

Notizbuch	→	**Abschnitt**	→	**Seiten**
Deutsch	→	Lektüre	→	Über die Autorin Lesetagebuch Inhaltsangabe

Aufgabe

Lege fünf bis acht (leere) Notizbücher an. Mindestens drei davon sollten einen Titel aus dem Bereich Schule und Unterricht erhalten.

Notizbücher erstellen

Angenommen, du hast dich für fünf Notizbücher entschieden: für die Fächer Deutsch, Erdkunde und die Wochenplanarbeit sowie für deine Urlaube und dein Hobby Fußball. Dann sollte der Startbildschirm in etwa so aussehen:

Die Liste der Notizbücher auf der linken Seite kannst du sehen, wenn du auf den Pfeil neben dem Button „Schule" klickst. Die Notizbücher haben jeweils unterschiedliche Farben, die du nach deinen Wünschen verändern kannst. Dazu klickst du mit der rechten Maustaste auf das entsprechende Notizbuch, dann auf *Eigenschaften*. Nun siehst du ein neues Menü.

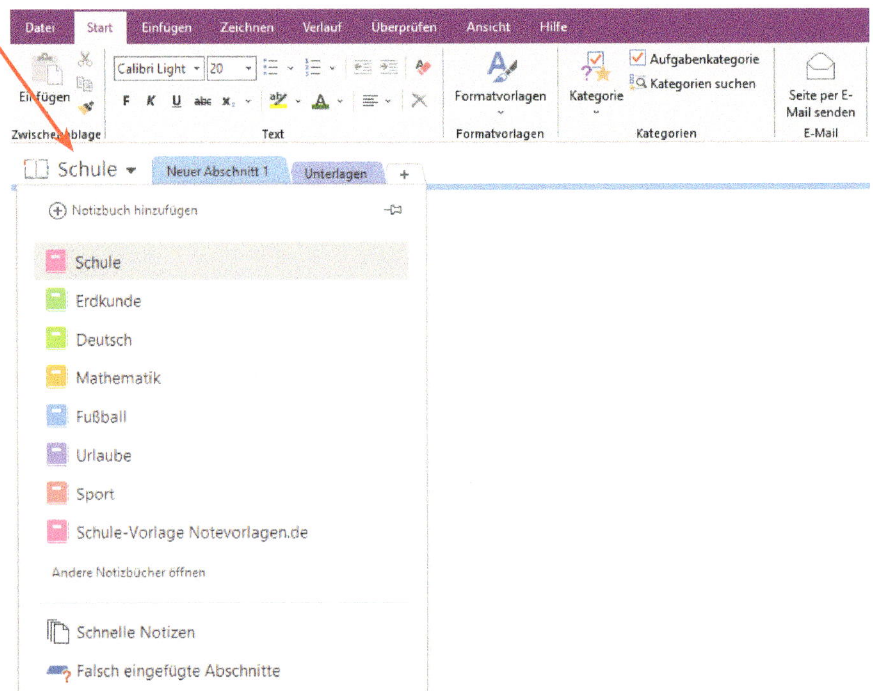

Oben steht der Name des Notizbuchs („Schule").
Wenn du den Pfeil neben dem Farbfeld anklickst, erhältst du eine Farbpalette, aus der du dir die gewünschte Farbe aussuchen kannst.

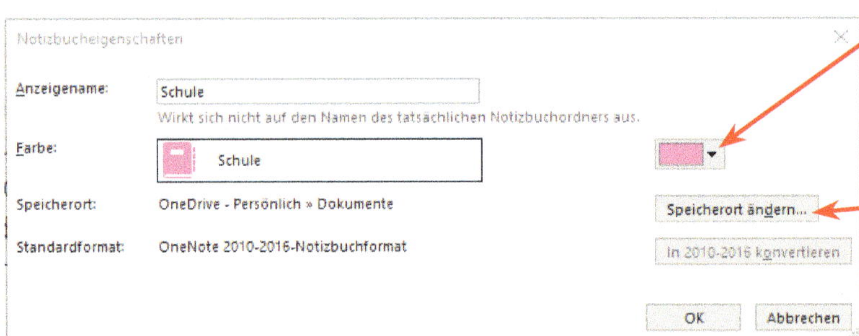

Wenn du für das Notizbuch einen anderen Speicherort bestimmen willst, klickst du den Button „Speicherort ändern" an. Mit einem Klick auf den **OK-Button** werden deine Änderungen gespeichert.

Bis jetzt sind deine Notizbücher noch leer – sie haben nur einen Namen, sollen aber langsam mit Leben gefüllt werden. Beginnen wollen wir mit dem Notizbuch **Erdkunde.** In der 7. Klasse könnten z. B. folgende Themen anstehen:
Europa im Überblick (Grenzen, Länder, Klima); **Mittelmeer** (Länder, Hauptstädte, Klima, Landwirtschaft, Industrie); **Der Norden Europas** (ähnliche Fragestellung wie beim vorherigen Thema; später auch für den Westen und Osten Europas).

Aufgabe

Erstelle für die drei angegebenen Themen Abschnitte und benenne die Reiter entsprechend.

Abschnitte erstellen

In deinem Notizbuch **Erdkunde** hast du nun drei Abschnitte angelegt. In der unteren Reihe siehst du jetzt vier Felder und daneben noch ein **Pluszeichen**, mit dem du weitere Abschnitte erstellen kannst.

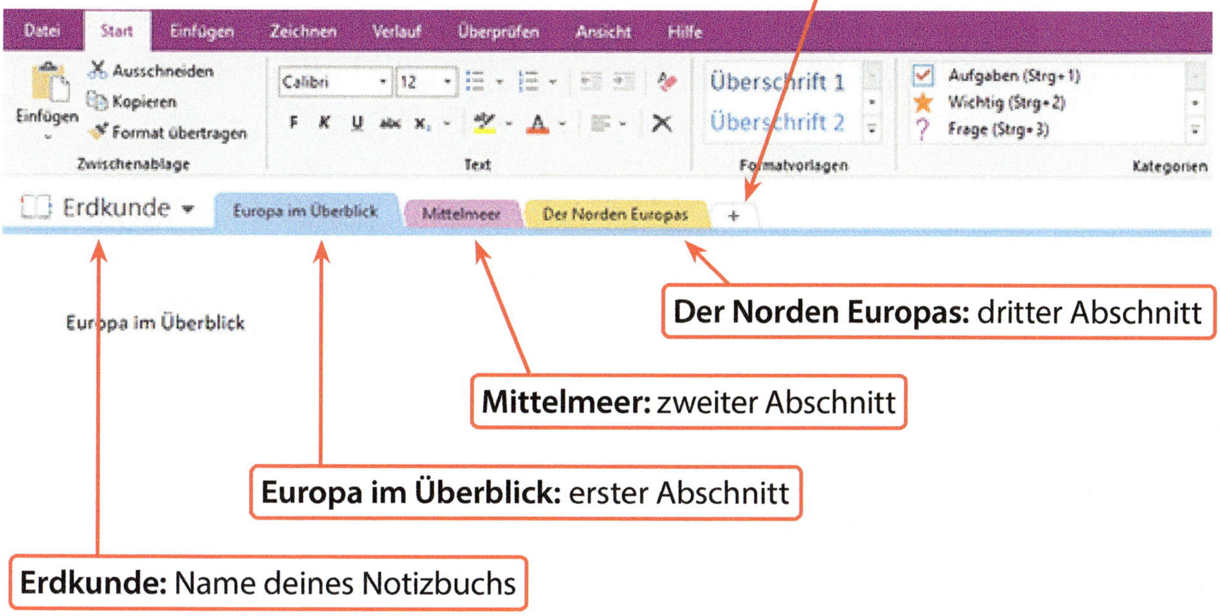

Aufgaben

1. Erstelle einen weiteren Abschnitt mit dem Namen „Der Osten Europas".
2. Erstelle für deine anderen **Notizbücher** ebenfalls mindestens drei Abschnitte.

Damit du die Reiter der Abschnitte gut erkennen kannst, kannst du die Farbe des jeweiligen Reiters nach deinen Wünschen festlegen. Gehe dazu wie folgt vor:

- Rechtsklick auf den Reiter
- Es öffnet sich ein Menü.
- Der letzte Menüpunkt heißt „Abschnittsfarbe".
- Gehe mit der Maus in diese Zeile und es öffnet sich ein weiteres Menü mit einer breiten Farbauswahl.

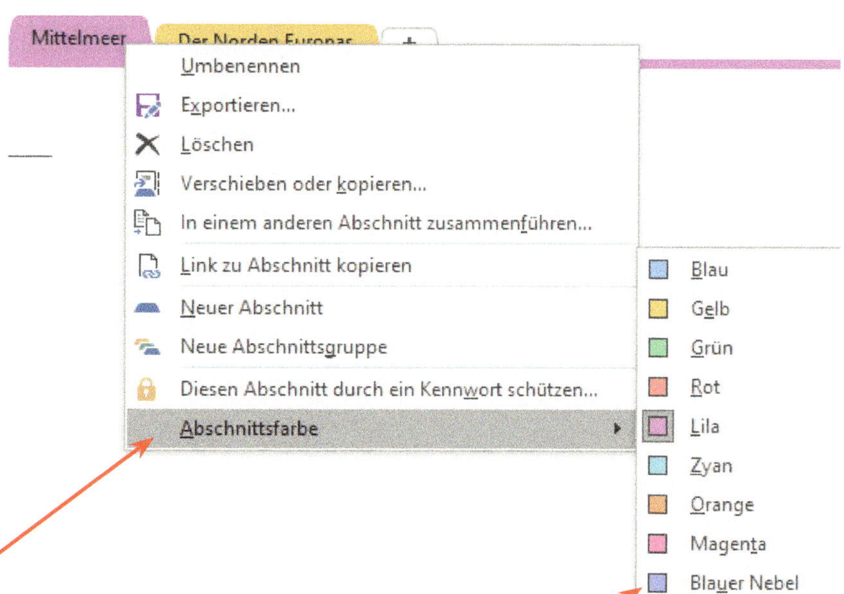

3. Färbe alle Abschnitte nach deinen Vorstellungen ein.

Eine Seite anlegen

Du hast inzwischen einige Notizbücher angelegt. Nun sollen ihre Seiten befüllt werden. Öffne dazu das Notizbuch **Erdkunde** und den Abschnitt „Europa im Überblick“.

Durch einen Klick auf das Pluszeichen am rechten Rand wird im Abschnitt „Europa im Überblick“ eine Seite erstellt. Du erkennst das auf dem Bildschirm durch zwei Veränderungen:

1. Am rechten Rand erscheint der Hinweis „Seite ohne Titel“.
2. Oben links auf der freien Bildschirmfläche blinkt der Cursor über einer Linie. Dort soll die Überschrift der Seite eingetragen werden. In diesem Fall wählen wir „Die Staaten Europas“.

Am linken Rand siehst du nun auf der Linie die Überschrift der Seite und darunter das Datum sowie die Uhrzeit, zu der die Seite erstellt wurde.
Am rechten Rand siehst du den Namen des Abschnitts und darunter den Namen der Seite.

Aufgaben

1. Erstelle im Abschnitt „Europa im Überblick“ die Seite „Staaten und ihre Hauptstädte“.
2. Erstelle im Abschnitt „Mittelmeer“ die Seiten „Klima“ und „Vegetation“.
3. Erstelle im Abschnitt „Der Norden Europas“ die Seiten „Staaten und ihre Hauptstädte“ und „Klima“.
4. Erstelle den Abschnitt „Der Osten Europas“ mit den Seiten „Staaten und ihre Hauptstädte“ und „Flüsse“.
5. Überlege, welche Seiten du in diesen Abschnitten zusätzlich erstellen kannst. Du solltest jeweils mindestens eine zusätzliche Seite finden.

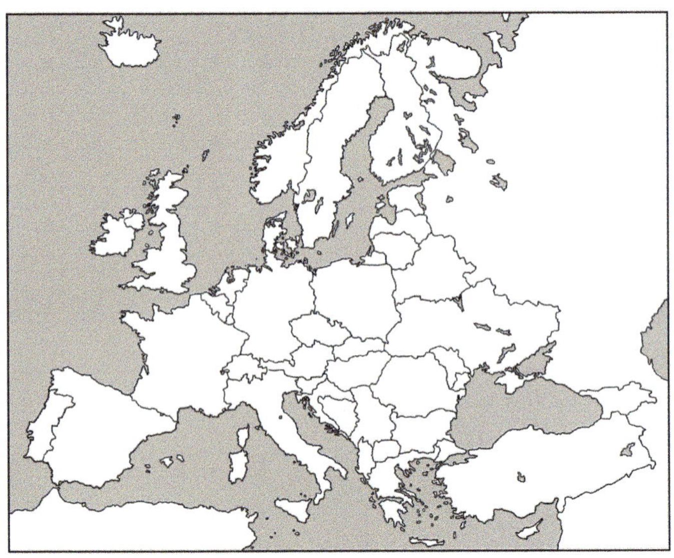

Bilder auf einer Seite einfügen

Du hast in deinem Notizbuch **Erdkunde** vier Abschnitte angelegt:

- Europa im Überblick
- Mittelmeer
- Der Norden Europas
- Der Osten Europas

Jetzt wollen wir damit beginnen, die Abschnitte mit Informationen zu füllen.

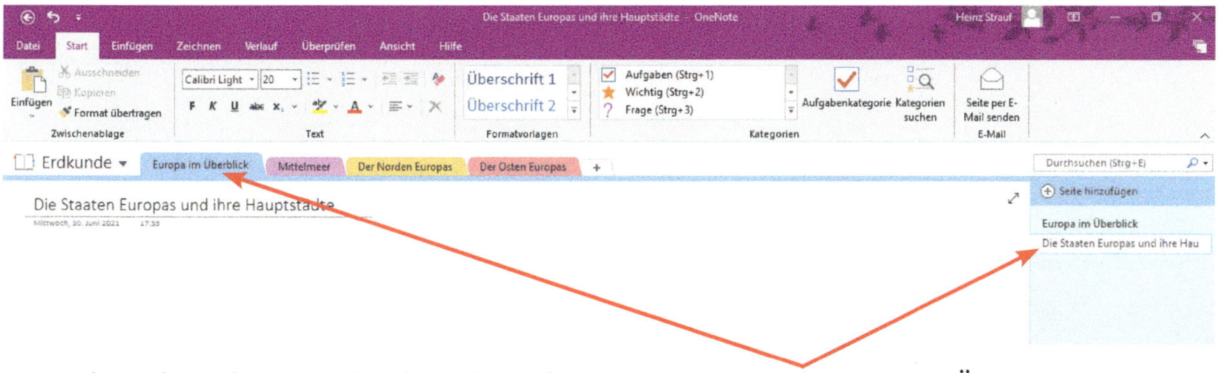

Du siehst, dass das Notizbuch **Erdkunde**, der Abschnitt „Europa im Überblick" und die Seite „Die Staaten Europas und ihre Hauptstädte" geöffnet sind. Bei diesem Thema bietet es sich an, mit Karten, Bildern und Tabellen zu arbeiten, deshalb soll zunächst eine Karte Europas auf die Seite kopiert werden. Dazu gehst du in diesen Schritten vor:

In der Menüleiste klickst du auf den Reiter „Einfügen", dann auf „Onlinebilder". Jetzt öffnet sich das Fenster rechts. Über die Suchmaschine **Bing** kannst du nach dem gewünschten Bild suchen, in diesem Fall „Europakarte". Mit einem Klick auf **Enter** erhältst du Bildvorschläge zum gewünschten Thema.

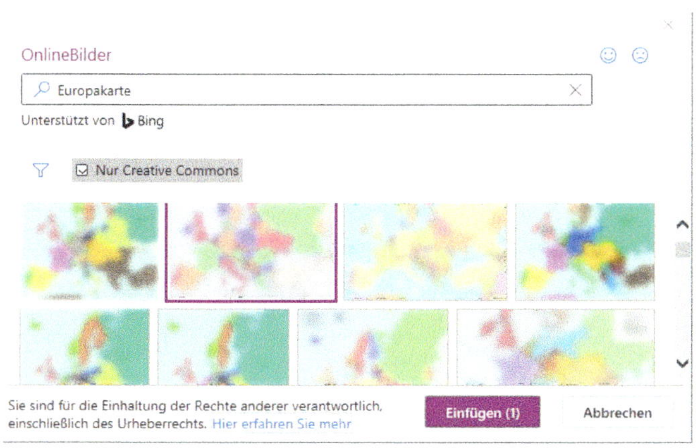

Jetzt wählst du ein Bild mit einem Klick aus. Es erhält einen Rahmen. Du bestätigst die Auswahl mit dem Button „Einfügen" und die Karte ist in deine Seite eingefügt. Die „1" auf dem Button zeigt an, dass du eine Karte ausgesucht hast. *(Der Hinweis „Nur Creative Commons" weist darauf hin, dass es sich um frei verfügbare Bilder handelt.)*

Aufgabe

Wähle zwei weitere Karten zu diesem Thema aus und füge sie in die Seite ein.

Tabellen auf einer Seite einfügen

Du hast nun auf der Seite „Die Staaten Europas und ihre Hauptstädte" einige Karten eingefügt, sodass es vielleicht so aussieht:

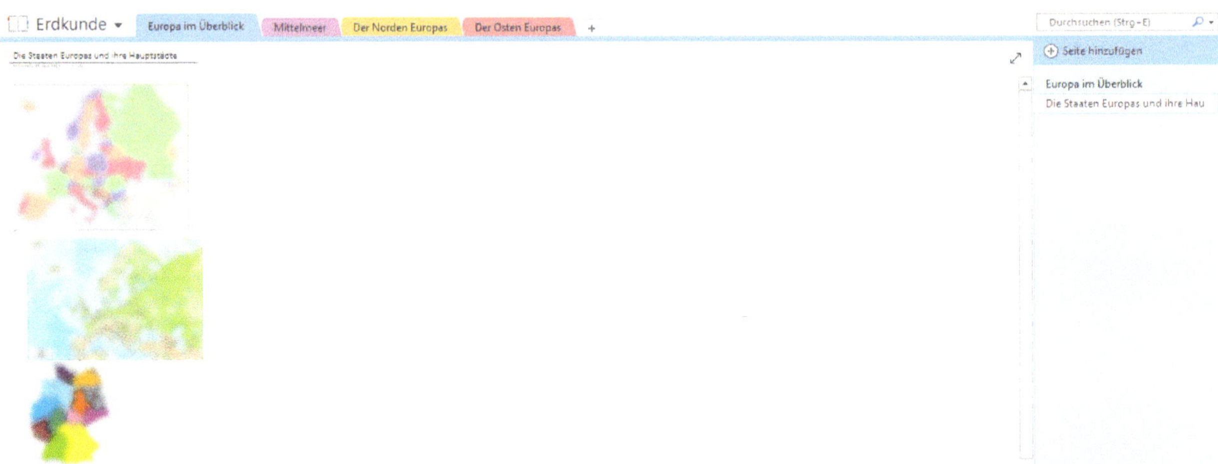

Neben diesen anschaulichen Karten sollte aber auch eine tabellarische Übersicht nicht fehlen. Also fügst du eine Tabelle ein, die zunächst aus 8 Zeilen und 2 Spalten bestehen soll (du kannst sie später noch erweitern):
Klicke in der Menüleiste den Reiter **Einfügen** an und dann den Button „Tabelle". Mit gedrückter Maustaste wählst du 8 Zeilen und 2 Spalten aus.

Die Tabelle wird danach unter den Karten angeordnet und du kannst sie ausfüllen: die linke Spalte mit den Ländern, die rechte Spalte mit den Hauptstädten. Dabei wirst du feststellen, dass sich die Tabelle an die Länge der Namen automatisch anpasst.

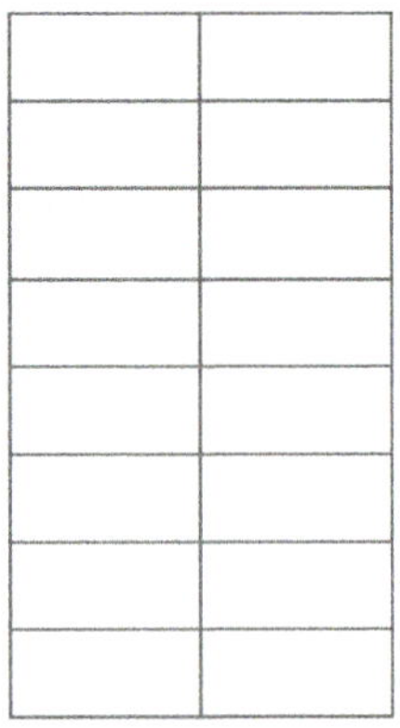

Und so könnte die Tabelle nach den ersten Eingaben aussehen:

Land	Hauptstadt
Deutschland	Berlin
Frankreich	Paris
Schweden	Stockholm
Italien	Rom
Spanien	Madrid
Polen	Warschau
Finnland	Helsinki

Das sieht zwar noch nicht elegant aus und die Tabelle ist auch noch nicht vollständig, aber das passiert in den nächsten Schritten.

Aufgabe

Erweitere die Tabelle um die Spalte „Flagge".

Tipp: Gehe mit einem Rechtsklick auf die Tabelle und wähle im Menü „Tabelle". Dort kannst du dann die zusätzliche Spalte links oder rechts in der Tabelle einfügen lassen.

Texte auf einer Seite erfassen

Du hast nun erste Informationen über Europa auf einer Seite gesammelt, und zwar Karten und eine Tabelle. Diese Elemente sind sehr anschaulich und werden deshalb auch gerne im Unterricht eingesetzt. Jetzt sollen noch weitere Informationen als Text auf eine Seite geschrieben werden.
Dazu erstellen wir eine Seite im Abschnitt „Der Norden Europas“. Du siehst hier die Startseite mit der entsprechenden Überschrift. Auf der rechten Seite kannst du die Seiten erkennen, die du bereits (als leere Seiten) eingerichtet hast.

Klicke auf den Reiter **Der Norden Europas**, anschließend am rechten Rand auf die gleichnamige Seite. Nun sieht der Bildschirm in etwa so aus:

Unter der Überschrift der Seite siehst du das Datum und die Uhrzeit, zu der du die Seite erstellt hast. Am rechten Rand erkennst du, dass du dich auf der Seite „Der Norden Europas“ befindest. Dort, wo der Cursor blinkt, kannst du mit dem Schreiben beginnen.

Aufgaben

1. Gib den folgenden Text ein.

> Wenn man von dem Norden Europas spricht, meint man damit die Länder Dänemark, Norwegen, Schweden und Finnland. Die beiden Länder Norwegen und Schweden liegen auf der Halbinsel Skandinavien; dazu gehört noch ein kleiner Teil Finnlands und die Halbinsel Kola, die aber zu Russland gehört.
> Im Westen grenzt die skandinavische Halbinsel an den Atlantischen Ozean, im Norden an das Nordmeer. Die nordischen Länder Finnland, Schweden und Dänemark haben Zugang zur Ostsee, die durch die Meerenge zwischen Norwegen und Dänemark eine Verbindung zum Atlantischen Ozean hat.

2. Füge eine Karte von Skandinavien hinzu.
3. Suche die Hauptstädte der vier Länder und erweitere den Text mit diesen Angaben.

© Pixel-Shot – stock.adobe.com

Text formatieren

Schrift

Du hast einen Text eingegeben und um die Angaben aus den Aufgaben ergänzt. Die Seite könnte in OneNote jetzt so aussehen.

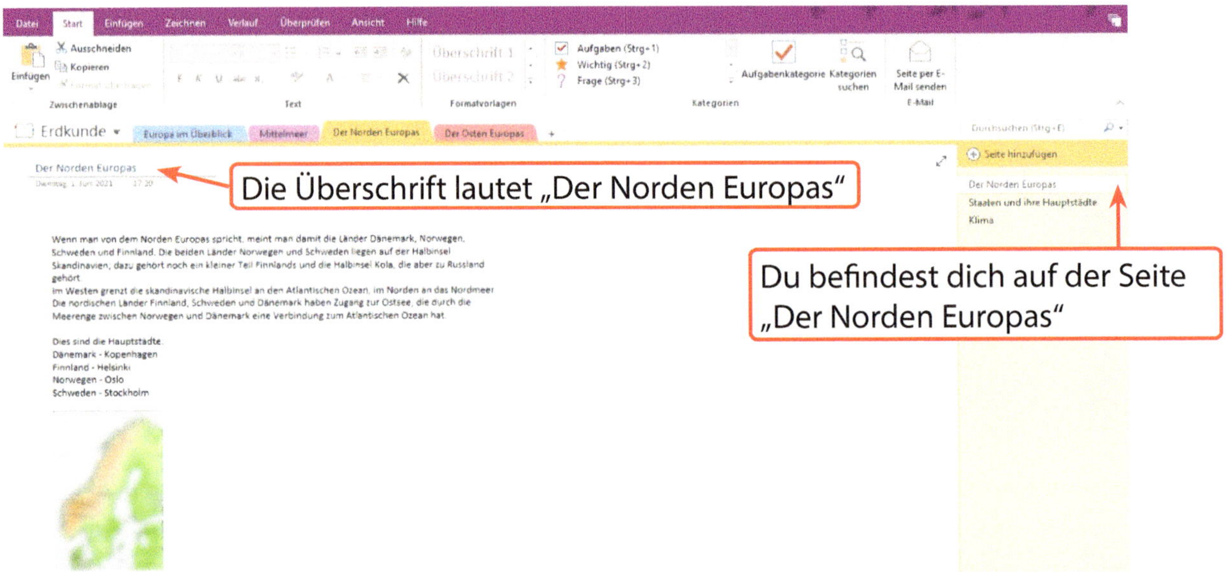

Im Programm siehst du um den Text herum eine Markierung: An der oberen Seite ist es ein breiter, grauer Streifen, an den übrigen Seiten sind es normale Linien. Der Text und die Grafik sind in einer Art „Container“, den man nun beliebig auf der Seite bewegen kann. Wenn du die Maus auf den grauen Balken bewegst, ändert der Cursor sein Aussehen: Er sieht dann ungefähr so aus: 

Mit einem Mausklick ist der Inhalt des „Containers“ nun markiert und du kannst ihn verändern sowie bewegen.
Wenn du mit der Maus auf die rechte obere Ecke gehst, sieht der Cursor so aus: 
Mit gedrückter Maustaste kannst du jetzt den Container breiter oder schmaler machen.

Klicke auf den oberen Rahmen. Der Text wird markiert und es erscheint dieses Menü.
Damit kannst du dem Text ein anderes Aussehen geben: die Schriftart und Schriftgröße verändern, den Text fett drucken, kursiv oder unterstreichen.
Wenn du nur Teile des Textes verändern willst, markierst du mit gedrückter Maustaste den entsprechenden Bereich.

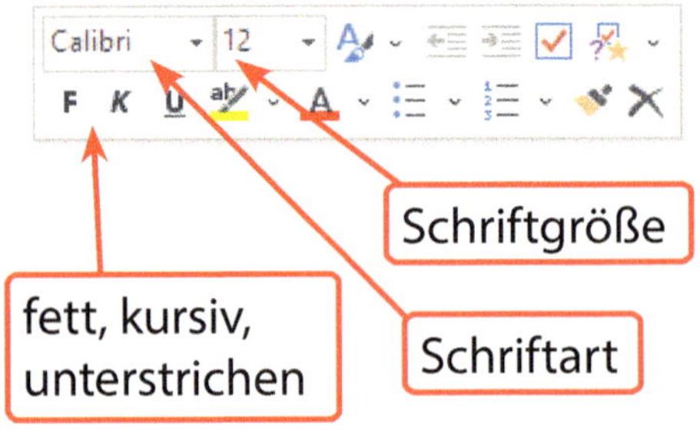

Aufgaben

1. Markiere den ersten Abschnitt und formatiere ihn in der Schrift Times New Roman, Schriftgröße 12.
2. Markiere den zweiten Abschnitt und formatiere ihn in der Schrift Arial, Schriftgröße 11.
3. Markiere den dritten Abschnitt und formatiere ihn in der Schrift Garamond, Schriftgröße 14.

Markierung und Aufzählung

Der Text könnte nach der Formatierung so aussehen:

Der Norden Europas

Dienstag, 1. Juni 2021 17:20

Wenn man von dem Norden Europas spricht, meint man damit die Länder Dänemark, Norwegen, Schweden und Finnland. Die beiden Länder Norwegen und Schweden liegen auf der Halbinsel Skandinavien; dazu gehört noch ein kleiner Teil Finnlands und die Halbinsel Kola, die aber zu Russland gehört.

Im Westen grenzt die skandinavische Halbinsel an den Atlantischen Ozean, im Norden an das Nordmeer. Die nordischen Länder Finnland, Schweden und Dänemark haben Zugang zur Ostsee, die durch die Meerenge zwischen Norwegen und Dänemark eine Verbindung zum Atlantischen Ozean hat.

Dies sind die Hauptstädte:
Dänemark - Kopenhagen
Finnland - Helsinki
Norwegen - Oslo
Schweden - Stockholm

Die unterschiedlichen Schriftarten sind gut zu erkennen.

Im Auswahlmenü gibt es aber noch einige weitere praktische Funktionen.

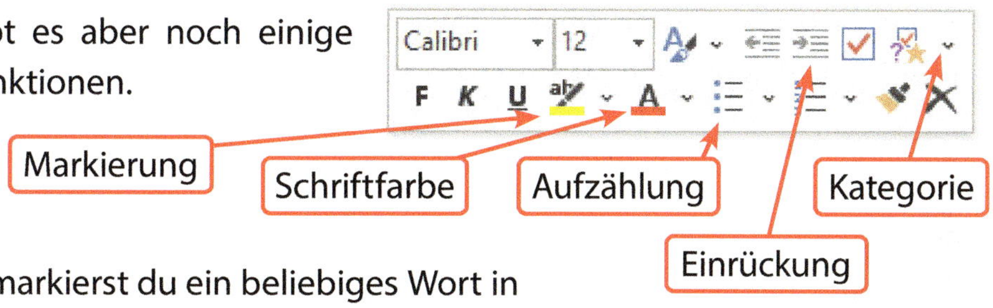

Markierung: Hiermit markierst du ein beliebiges Wort in einer Farbe, die über das Auswahlmenü ausgewählt werden kann.
Schriftfarbe: Der Schrift wird die gewünschte Farbe zugewiesen.
Aufzählung: Durch die vorgesetzten Aufzählungszeichen sieht eine Auflistung besser und übersichtlicher aus. Die Aufzählungszeichen lassen sich auswählen und verändern.
Einrückung: Manchmal wirkt es besser, wenn man einen Abschnitt einrückt.
Kategorie: Hier gibt es verschiedene Möglichkeiten, Hinweise im Text zu geben. Davon wird man wahrscheinlich dann Gebrauch machen, wenn man mit anderen zusammen an einem Projekt arbeitet.

Aufgaben

1. Markiere die Wörter **Atlantischer Ozean** erst grün, dann gelb.
2. Setze die Überschrift **Dies sind die Hauptstädte** in der Schriftfarbe Rot.
3. Setze die Hauptstädte in eine Aufzählung mit einem beliebigen Aufzählungszeichen.
4. Rücke den zweiten Abschnitt ein.
5. Markiere die Überschrift **Dies sind die Hauptstädte** mit der Kategorie **Wichtig**.

© charnsitr – stock.adobe.com

Text formatieren

Überschrift

Du hast verschiedene Formatierungen am Text vorgenommen und wirst im Folgenden gleich noch weitere Möglichkeiten erproben.

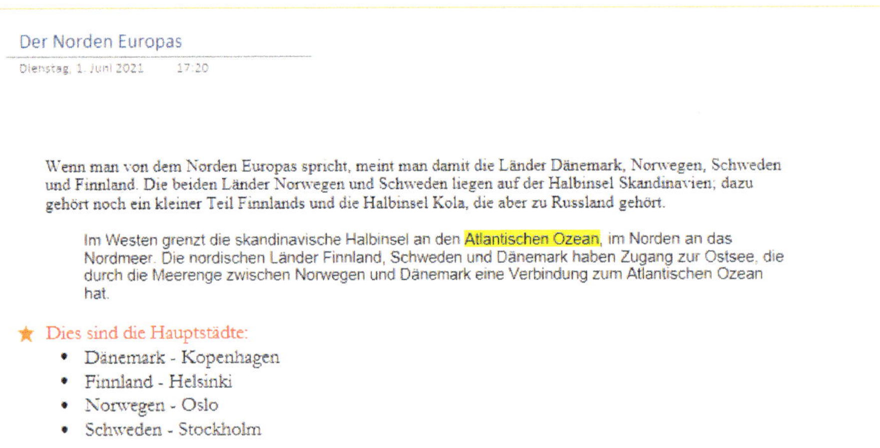

Im Text steht z. B. die Aufzählung der Länder mit ihren Hauptstädten. Das wollen wir noch einmal neu machen. Öffne dazu den Abschnitt „Staaten und ihre Hauptstädte“ und erstelle eine neue Seite mit der Überschrift „Aufzählung“. Gib in der ersten Zeile Folgendes ein: Norwegen – Oslo.

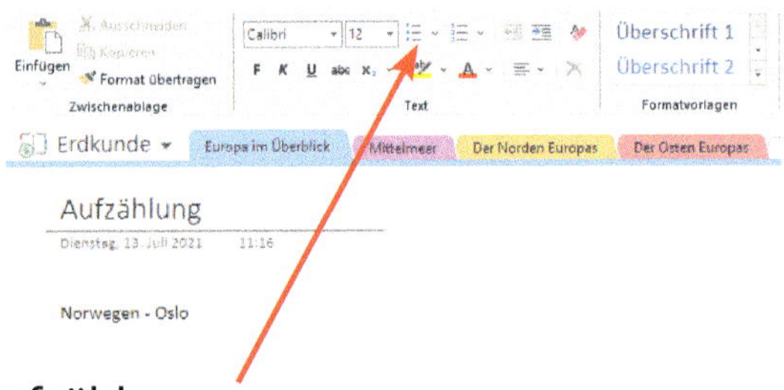

Klicke dann in der Menüleiste auf das Symbol für Aufzählungen.

Jetzt siehst du vor der Eingabe das Aufzählungszeichen. Bestätige mit der Entertaste. Automatisch erscheint nun in der zweiten Zeile ein weiteres Aufzählungszeichen. OneNote hat erkannt, dass es sich um eine Aufzählung handelt.
Dies gilt in gleicher Weise für die Nummerierung; sie wird ebenfalls automatisch erkannt.

Auch die Überschrift lässt sich über die Menüleiste im Bereich „Formatvorlagen“ leicht formatieren. Durch einen Klick auf den Pfeil am rechten Rand schlägt dir OneNote eine Reihe von Formatierungen vor. Wähle eine aus.

Aufgaben

1. Füge eine neue Seite in den Abschnitt „Europa im Überblick“ ein und gib ihr den Namen „Übung Nummerierung“. Zähle hier mindestens zehn Staaten Europas auf.
2. Füge eine neue Seite in den Abschnitt „Europa im Überblick“ ein und gib ihr den Namen „Übung Aufzählung“. Liste hier mindestens fünf Gebirge Europas auf. Wähle ein Aufzählungszeichen aus.
3. Ändere auf beiden Seiten die jeweilige Überschriftengestaltung, indem du eine der vorgeschlagenen Formatierungen auswählst.

Text formatieren

Übung

Du hast nun einen Überblick über die wichtigsten Funktionen der Textverarbeitung in OneNote.

Aufgabe 1

Schreibe folgenden Text in das Notizbuch **Deutsch**; erstelle dazu die Seite „Übung".

> Dies ist mein erstes Notizbuch im Programm OneNote. Hier ordne ich Unterlagen für verschiedene Fächer, die ich in diesem Schuljahr habe, und andere organisatorische Dinge für die Schule, wie z. B. Stundenpläne, Klassen- und Kurslisten o. Ä.
>
> Diese Unterlagen habe ich bisher in verschiedenen Mappen gesammelt und abgeheftet, demnächst befinden sie sich alle in diesem Notizbuch.
>
> Für Referate habe ich mir Notizen auf Karteikarten gemacht; auch diese werde ich in Zukunft in OneNote eingeben und speichern.

Aufgabe 2

Formatiere den ersten Abschnitt in der Schriftart Times New Roman, Schriftgröße 12.
Formatiere den zweiten Abschnitt in der Schriftart Arial, Schriftgröße 13.
Der dritte Abschnitt soll in der Schrift Calibri, Schriftgröße 14 erscheinen.

Nun soll der Text noch eine Überschrift erhalten. Dazu klickst du in das Feld „Überschrift 1". Über dem Text blinkt der Cursor, wo du die Überschrift „Mein erstes Notizbuch" eingibst. Auch diese Überschrift kannst du gleich noch nach deinen Wünschen formatieren, z. B. so:
Wenn du auf den Pfeil neben dem Feld „Überschrift" klickst, öffnet sich das Menü mit den Vorlagen (s. rechts). Hierüber kannst du weitere Formatierungen vornehmen.

Weitere Aufgaben

Suche in jedem Abschnitt einen Begriff, den du **fett** formatierst.
Der erste Satz im ersten Abschnitt soll *kursiv* formatiert werden.
Das Wort „OneNote" soll einmal rot und einmal blau formatiert werden.
Die Überschrift soll in der Schriftart Book Antiqua und der Schriftgröße 14 formatiert werden.

Füge dem Text noch zwei Sätze hinzu. Formatiere beide jeweils in einer anderen Schriftart und Schriftgröße.

Seiteneigenschaften

Größe, Layout

Du hast Seiten in OneNote angelegt und die großen Vorteile des Programms bereits kennengelernt.

- Es gibt keine Einschränkungen bei der Anzahl von Seiten in einem Abschnitt.
- Es gibt keine Einschränkungen bei der Länge einer Seite.
- Es gibt keine Einschränkungen bei der Breite einer Seite.

Darin kann aber auch eine Gefahr liegen: **Die Seiten werden unübersichtlich**. Deshalb solltest du dich auf das Notwendige beschränken und z. B. das Format für die Seiten vorher festlegen.

Öffne dazu OneNote und klicke in der Menüleiste auf den Reiter **Ansicht**.
Hier sind die ersten drei Registerkarten für die weitere Arbeit besonders wichtig.

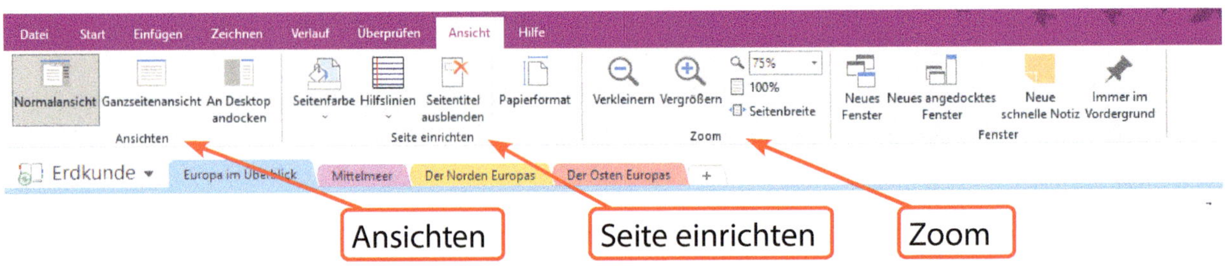

Seite einrichten

Hier legst du fest, welche Größe deine Seite haben soll. Klicke auf „Papierformat" und es öffnet sich am rechten Rand dieses Fenster:

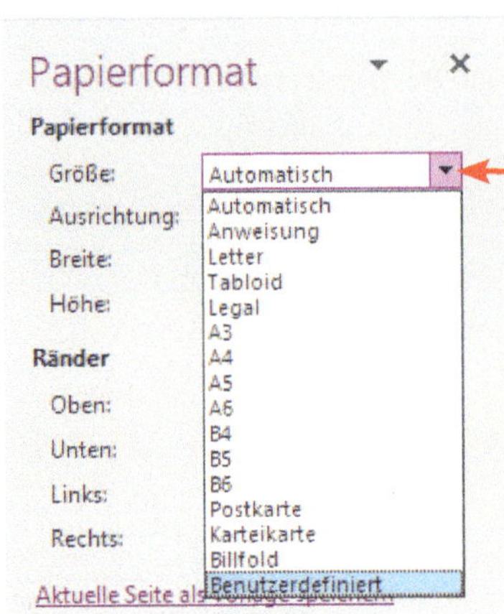

Diesen Menüpunkt kennst du bestimmt schon aus der Textverarbeitung, wo du ebenso das Papierformat festlegst. Klickst du auf den Pfeil am Feld „Größe", erhältst du eine Vielzahl von Formaten zur Auswahl. Diese sind insofern wichtig, wenn du diese Seite später vielleicht ausdrucken möchtest. Dann soll natürlich auch der Inhalt der OneNote-Seite genau auf einer A4-Seite Platz haben.

In diesem Fenster hast du nun noch weitere Möglichkeiten, die Seite in OneNote festzulegen.

Über „Ausrichtung" bestimmst du, ob die Seite im Hoch- oder Querformat formatiert wird. Wenn du dich für Hochformat entschieden hast, wird automatisch das genaue Maß angezeigt: Höhe 29,7 cm, Breite 21 cm.

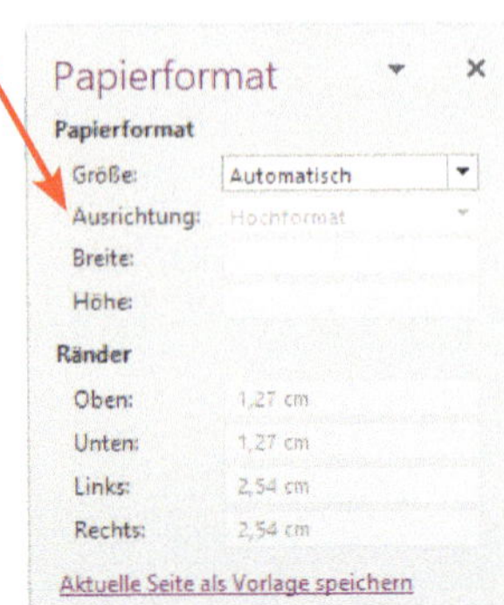

Wenn du eine Seite auf ein bestimmtes Format festlegst, kannst du auch angeben, wie groß die Ränder sein sollen. Durch Anklicken der vier Felder gibst du hier die gewünschten Maße für die Ränder ein.

Seiteneigenschaften

Hilfslinien

Neben dem Papierformat gibt es in der Registerkarte **Seite einrichten** noch mehr Möglichkeiten.

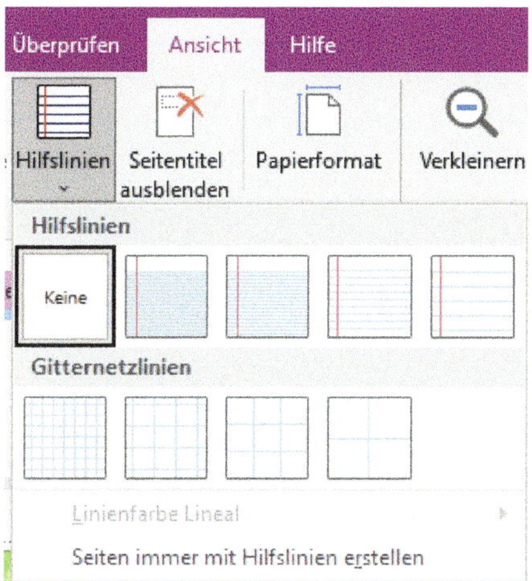

Für bestimmte Aufgaben in der Mathematik, aber auch für Zeichnungen in anderen Fächern, können Seiten mit Kästchen hilfreich sein.
Oder du willst vielleicht nur Linien auf der Seite haben, um Dinge besser anordnen zu können oder darauf zu schreiben.

Klicke auf den Button „Hilfslinien" und es öffnet sich ein Untermenü. Dort werden dir unterschiedliche Hilfslinien für verschiedene Zwecke angeboten.
Wenn du dich für eine Linienart entschieden hast, kannst du anschließend noch die Seitenfarbe auswählen.

Um die Seiten in den Notizbüchern und Abschnitten besser unterscheiden zu können oder um einer Seite ein besonderes Gesicht zu geben, besteht die Möglichkeit, die Seite einzufärben. Wenn du auf **Seitenfarbe** klickst, öffnet sich ein Untermenü und bietet dir einige (blasse) Farben an.

Nachdem du ein paar Versuche unternommen hast, könnte eine Seite in OneNote dann vielleicht so aussehen: Papierformat: A4; Hilfslinien: sehr breite Linierung; Farbe: rot.

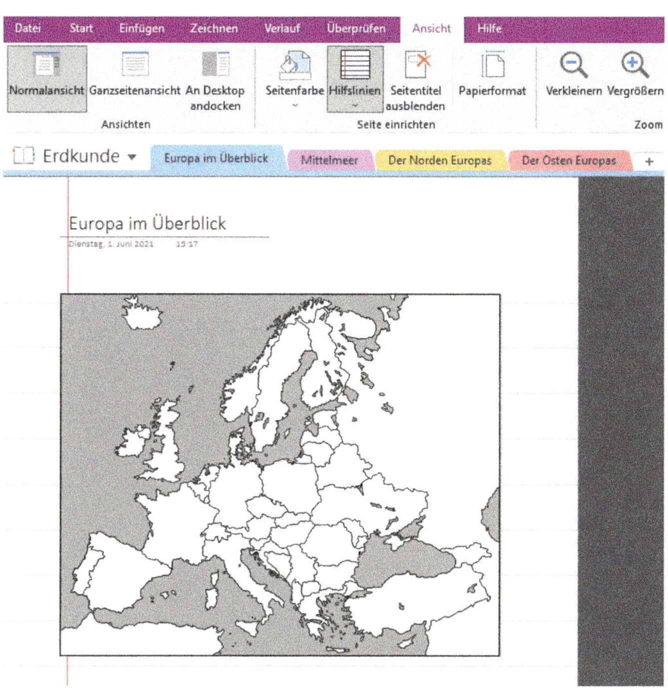

Es ist gut zu erkennen, dass die Seite nicht die gesamte Breite des Bildschirms einnimmt; die Hilfslinien sind allerdings nur schwach zu erkennbar.

Aufgabe

Wende die Möglichkeiten der Registerkarte **Seite einrichten** auf mindestens einer Seite an.

Seiteneigenschaften

Ansichten

Die Seiten können in OneNote auf verschiedene Weise gestaltet und eingerichtet werden. Du hast einige Einstellungsmöglichkeiten kennengelernt, die besonders wichtig sind. Die beiden anderen Registerkarten sollen aber auch noch kurz vorgestellt werden.

In der Registerkarte **Ansichten** werden dir drei Möglichkeiten genannt, wie die Seite erscheinen soll.

1. „Normalansicht“: Das ist die gewöhnliche Ansicht, die voreingestellt ist.

2. „Ganzseitenansicht“

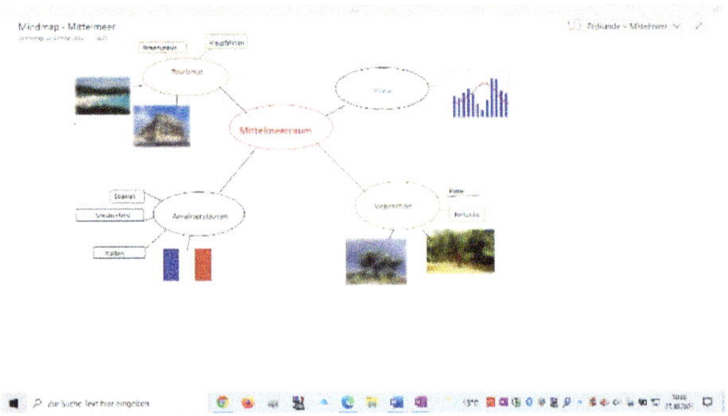

Bei dieser Ansicht sind alle Informationen, wie z. B. die Menüleiste oben, ausgeblendet. Nur die OneNote-Seite ist zu sehen.

3. „An Desktop andocken“

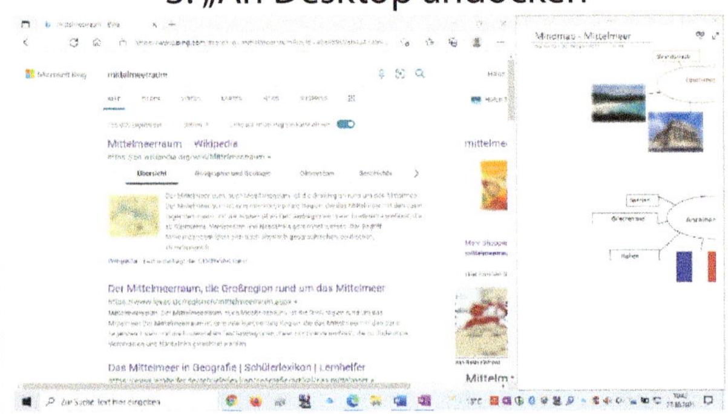

Die OneNote-Seite wird am rechten Rand angeheftet. So siehst du weiter (wenn auch nur im Ausschnitt) die Seite in OneNote, an der du arbeitest. Auf der linken Seite ist das Programm, mit dem du parallel arbeitest. So kannst du weiterarbeiten, ohne die Programme schließen und wieder öffnen zu müssen.

Auf der rechten Seite in der Menüleiste findest du zum Schluss noch die Registerkarte **Zoom** mit einigen Optionen, die Ansicht der OneNote-Seite zu verändern.

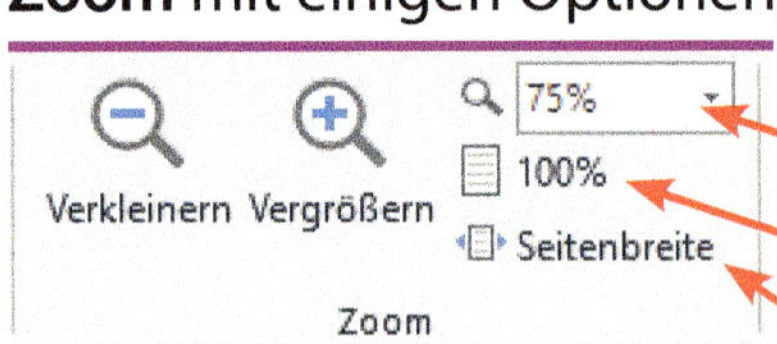

Durch einen Klick auf den Pfeil kannst du vorgegebene Größen anklicken, hier z. B. 75 %.
So ist die Seite in ganzer Größe zu sehen.
So wird die Seite auf der eingestellten Seitenbreite gezeigt.

Durch das Anklicken der beiden Lupen kannst du die Seitenansicht in verschiedenen Stufen vergrößern und verkleinern. Dies hat den Vorteil, dass du beim Anklicken sofort erkennst, wie die Inhalte auf der Seite zu sehen sind. Im Eingabefeld neben der Lupe oben rechts wird dir dann jeweils der Wert angezeigt, wie stark die Seite verkleinert oder vergrößert worden ist.

Aufgaben

1. Suche dir eine Seite aus, die du schon gestaltet hast, und probiere einige der hier vorgestellten Möglichkeiten der Seitenansicht aus.
2. Stelle Vor- und Nachteile der Ganzseitenansicht gegenüber. Diskutiere sie dann mit einem Partner oder einer Partnerin.

Seitenvorlagen – Beispiele

Für bestimmte Aufgaben, die oft vorkommen, kann es nützlich sein, vorgefertigtes Material zur Verfügung zu haben. Warum sollte man z. B. jedes Halbjahr ein neues Raster für den Stundenplan entwerfen? Warum soll man sich keine Hilfe für ein Protokoll holen? Hierbei können Vorlagen für Seiten, die OneNote anbietet, eine kleine Hilfe sein.

Öffne dazu OneNote.
Klicke auf den Reiter **Einfügen**.
Dort findest du in der Registerkarte **Seiten** den Button „Seitenvorlagen".

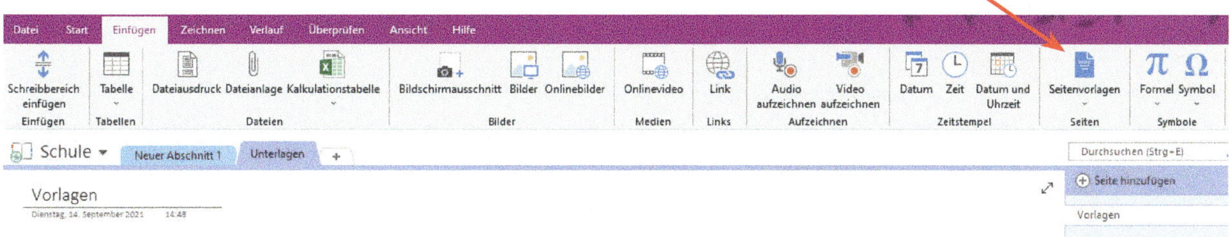

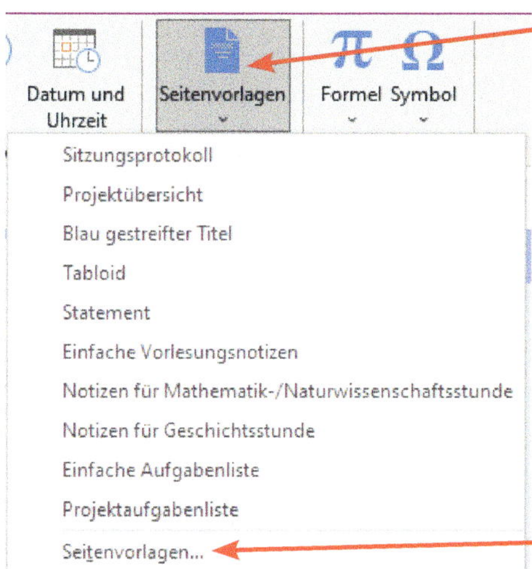

Wenn du diesen Button anklickst, öffnet sich ein Menü.
Hier findest du nun eine kurze Liste von Seitenvorlagen, die du für verschiedene Gelegenheiten nutzen kannst, z. B. für das Protokoll einer Stunde oder einer Sitzung der Schülervertretung.

Auch wenn sich einige der Vorlagen an Studierende richten, lassen sie sich genauso gut auf den Unterricht anwenden.

Klickst du auf den letzten Punkt „Seitenvorlagen…", öffnet sich ein neues Menü.

Hier bekommst du nun eine noch größere Auswahl an Seitenvorlagen, die du dir in Ruhe ansehen solltest.

Über den Klick auf das Pfeil-Zeichen am Rand klappst du jeweils ein weiteres Menü von Seitenvorlagen zu diesem Thema auf. Rechts siehst du das am Beispiel des Punktes „Studium".

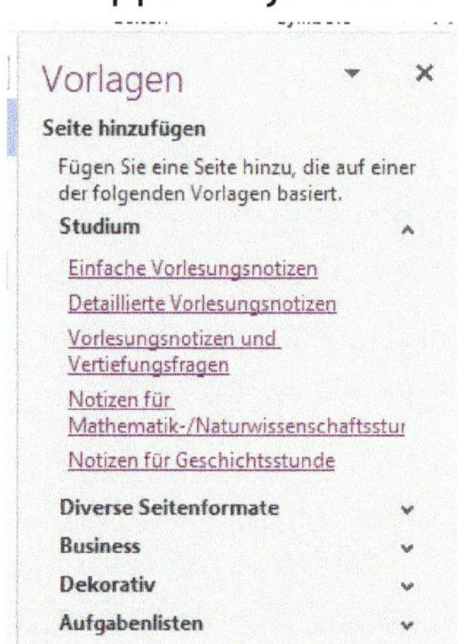

Aufgabe

Welche der vorgeschlagenen Seitenvorlagen würdest du am ehesten verwenden? Erläutere deine Auswahl.

Seitenvorlagen verwenden

Du hast soeben erarbeitet, wie man Seiten in deinen Notizbüchern mithilfe von Seitenvorlagen gestalten kann. An zwei Beispielen soll hier gezeigt werden, wie eine Seitenvorlage eingebunden werden kann.

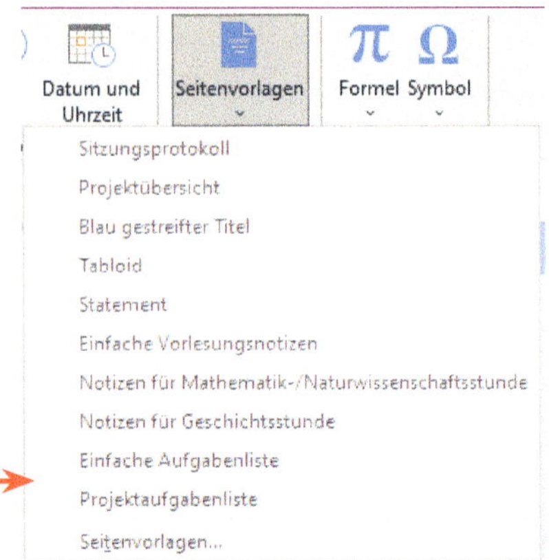

Im Unterricht soll in eurer Gruppe ein Projekt zum Thema „Erneuerbare Energien" durchgeführt werden. Damit die Aufgaben im Team gut koordiniert werden, kann eine **einfache Aufgabenliste** eine gute Hilfe sein.
Du findest diese Liste hier.
Nachdem ihr die Aufgaben unter euch verteilt habt, könnte die Seite in OneNote vielleicht so aussehen:

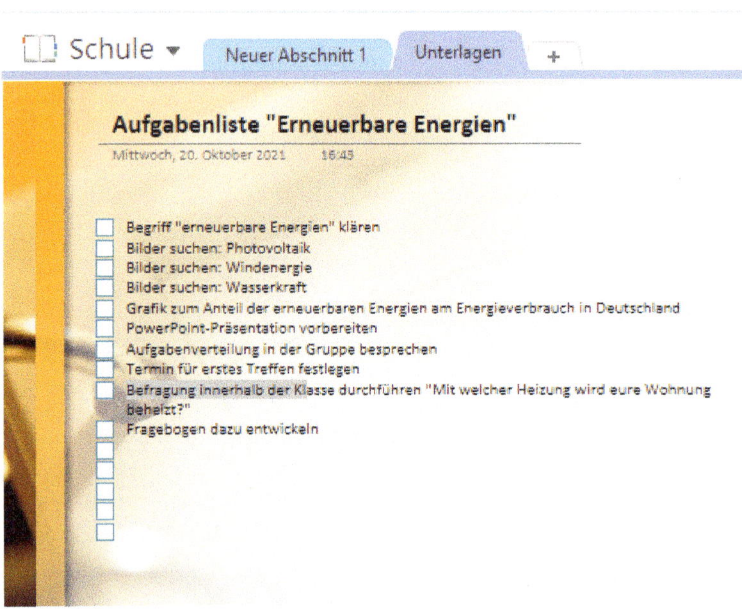

Diese Aufgabenliste ist selbstverständlich nur ein Anfang und muss von der Gruppe ausgearbeitet werden.
Bei jedem Gruppentreffen können die Punkte abgehakt werden, die erledigt sind, oder auch Aspekte ergänzt werden, die noch fehlen.

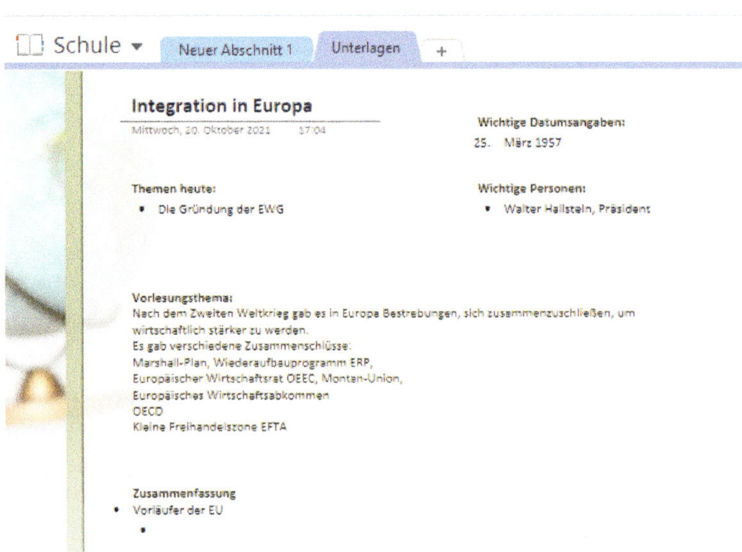

Links siehst du ein anderes Beispiel: Für den Geschichtsunterricht kann die Vorlage „Notizen für Geschichtsstunde" hilfreich sein. (Die Vorlage kann aber auch ohne Weiteres für andere Fächer genutzt werden.)

Aufgabe

Verwende zwei unterschiedliche Seitenvorlagen für deine Notizbücher.

Vorlagen für die Schule

Du hast bereits erste Beispiele für Vorlagen in OneNote kennengelernt, jedoch gibt es noch viele weitere, die speziell auf den Unterricht zugeschnitten sind.

Schule-Vorlage Notevorlage... | Übersicht | Vorlagen | +

Übersicht

OneNote Vorlage für die Schule

Enthaltene Vorlagen:

- Stundenplan
- SchülerInnen-Liste
- To Do Liste Lehrer
- Recherche
  - Recherche: Erläuterung Zeichnen-Tools
- Aufgabenblatt 1
- Aufgabenblatt 2 (korrigiert)
- Hausaufgaben
- Besprechungsprotokoll
- Bewertungen
- Digitale Tafel

Diese Vorlagen links können sofort eingesetzt und auf die individuellen Bedürfnisse zugeschnitten werden. Den Stundenplan kannst du beispielsweise schnell ändern, indem du die Daten eingibst, die für deine Schule und deinen Unterricht in diesem Schuljahr gelten.

Aufgaben

1. Informiere dich über diese Vorlagen. Welche Vorlagen würdest du für deine Zwecke nutzen?
2. Erstelle anhand der Vorlage „Stundenplan" deinen aktuellen Stundenplan.
3. Erstelle anhand der Vorlage „SchülerInnen-Liste" eine Liste der Schülerinnen und Schüler deiner Klasse.
4. Du siehst hier zwei weitere Vorlagen: „Hausaufgaben" und „Aufgabenblatt 1".

Schule-Vorlage Notevorlage... | Übersicht | Vorlagen | +

Hausaufgaben

Hausaufgaben Donnerstag, 09.09.2021

Lesebuch, S. 96 - 108 lesen
Aufgaben A2 und A3

Hilfsmittel:
- Lesebuch 8
- https://de.wikipedia.org/wiki/Heinrich_Boell
- Word

Zu erledigen bis: Montag, 13.09.2021

Bemerkungen:

Dies ist ein Beispiel.

Schule-Vorlage Notevorlage... | Übersicht | Vorlagen | +

Aufgabenblatt 1

Fragen

Was ist OneNote?
- ☐ Digitales Notizbuch
- ☐ Digitales Schreibprogramm
- ☐ Digitale Rechensoftware

Wer ist der Hersteller von OneNote?
- ☐ Electronic Arts
- ☐ Microsoft
- ☐ Logitech

Textaufgabe

OneNote ist eine ___________, hergestellt von _____________. Das Programm wurde erstmals im Jahr _____ veröffentlicht.

a) Verwende die Vorlage „Aufgabenblatt 1" für einen konkreten Anlass aus deinem Unterricht, indem du z. B. für ein Thema aus den Fächern Geschichte oder Erdkunde einen kurzen Test erstellst.
b) Halte deine Hausaufgaben in dieser Woche in der Vorlage „Hausaufgaben" fest.

Eine einfache Tabelle anlegen

Es gibt viele Gelegenheiten, bei denen es praktisch ist, eine Tabelle anzulegen. Beispielsweise, wenn du eine Liste deiner Mitschülerinnen und Mitschüler erstellen, den Tabellenstand der Bundesliga festhalten oder deinen Stundenplan aufschreiben willst.

Dafür gibt es in OneNote mehrere Möglichkeiten, von denen hier zunächst eine einfache Lösung vorgestellt werden soll, und zwar am Beispiel der Bundesliga-Tabelle. Sie soll folgende Elemente beinhalten:

- Eine Zeile für die Überschriften.
- Die erste Spalte für den Platz (Rang).
- In der zweiten Spalte soll der Name der Mannschaft stehen.
- In der dritten Spalte steht die erreichte Punktzahl.

Dazu gehst du so vor:
Öffne OneNote und erstelle das Notizbuch **Fußball**.
Benenne den „Neuen Abschnitt 1" in „Bundesliga" um (über Rechtsklick → **Umbenennen**).
Füge im Abschnitt eine neue Seite ein.
Nenne sie „Bundesliga-Tabelle".

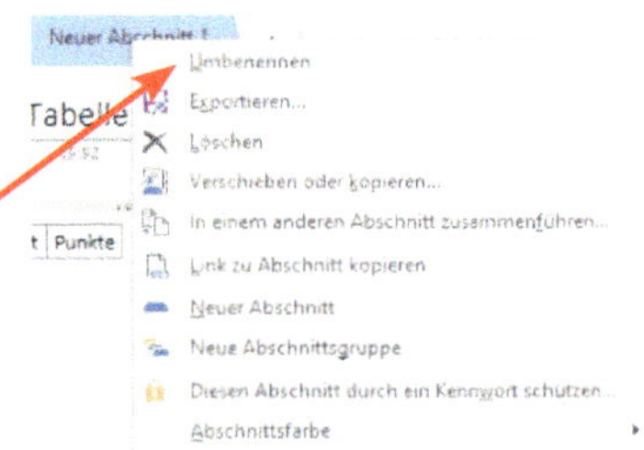

Klicke nun auf die Seite und schreibe an dieser Stelle „Platz".
Springe mit der Tab-Taste weiter und schreibe dort „Mannschaft".
Springe noch einmal mit der Tab-Taste weiter und schreibe dort „Punkte".
Am Ende der Zeile bestätigst du die Eingabe mit Enter und gelangst so in die zweite Zeile.

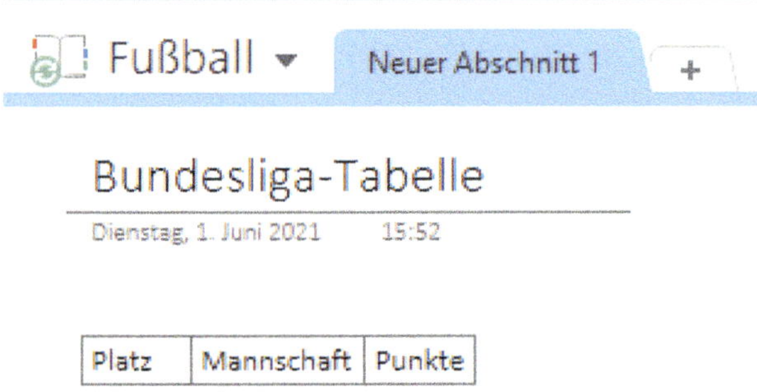

Dort kannst du jetzt die entsprechenden Daten eingeben. Die ersten fünf Zeilen könnten dann z. B. so aussehen:

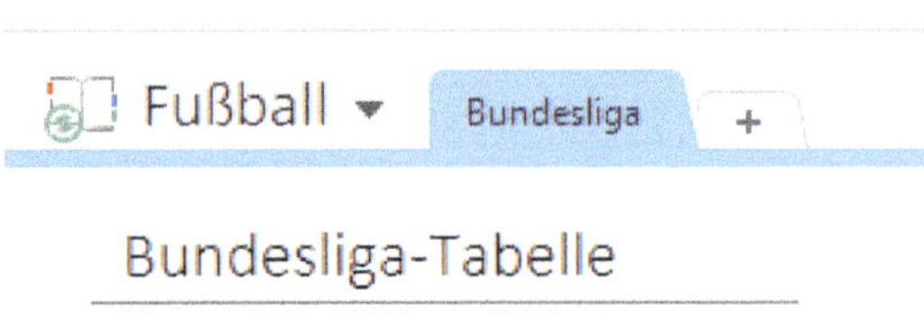

Platz	Mannschaft	Punkte
1	Bayern München	16
2	Bayer 04 Leverkusen	16
3	Borussia Dortmund	15
4	SC Freiburg	15
5	VfL Wolfsburg	13

Aufgaben

1. Beobachte, was bei der Eingabe der Namen geschieht.
2. Erstelle eine aktuelle Tabelle (mit mindestens fünf Mannschaften).

Eine Excel-Tabelle einfügen

Im Mathematikunterricht hast du vielleicht schon mit dem Tabellenprogramm „Excel“ gearbeitet. Eine solche Excel-Tabelle kann auch in OneNote eingebunden werden.

Beispiel 1:
Du sollst den Graphen der Gleichung $y = x + 2$ zeichnen. Dazu stellst du zunächst direkt im Programm Excel eine Wertetabelle auf. Es soll auch den Graphen zeichnen.

x	y=x+2
-5	-3
-4	-2
-3	-1
-2	0
-1	1
0	2
1	3
2	4
3	5
4	6
5	7

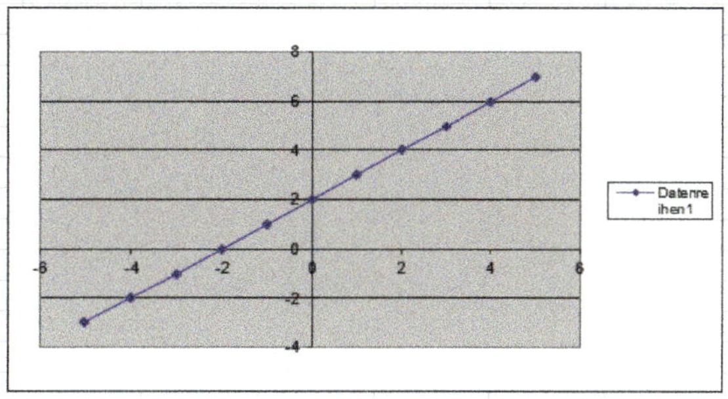

Die Datei speicherst du anschließend unter dem Namen „excel1.xls“ und kannst sie jetzt in OneNote einfügen. Dazu gehst du wie folgt vor:

Öffne OneNote.
In der Menüleiste findest du unter dem Reiter **Einfügen** in der Registerkarte **Dateien** den Button „Kalkulationstabelle“.

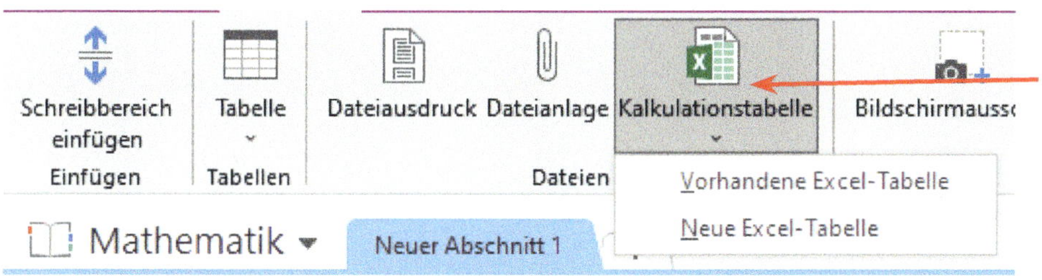

Wenn du den Button anklickst, erscheint diese Abfrage.

Da du die Excel-Tabelle vorliegen hast, klickst du den Punkt „Vorhandene Excel-Tabelle“ an.

Jetzt öffnet sich ein Fenster mit einer neuen Abfrage. Du möchtest die Tabelle sofort in OneNote sehen und klickst daher den Punkt „Tabelle einfügen“ an.

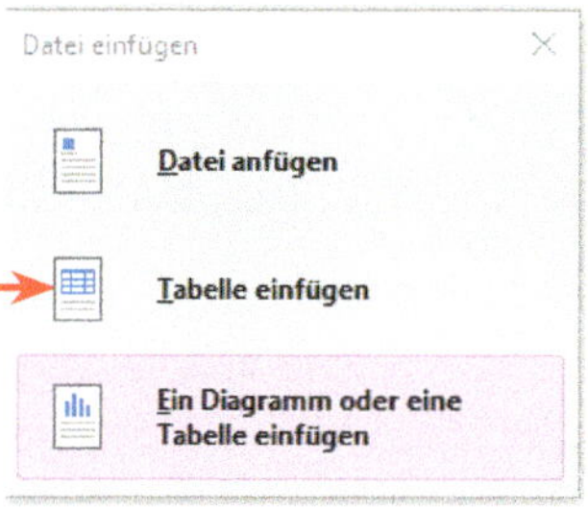

Der Bildschirm könnte jetzt so oder ähnlich aussehen:

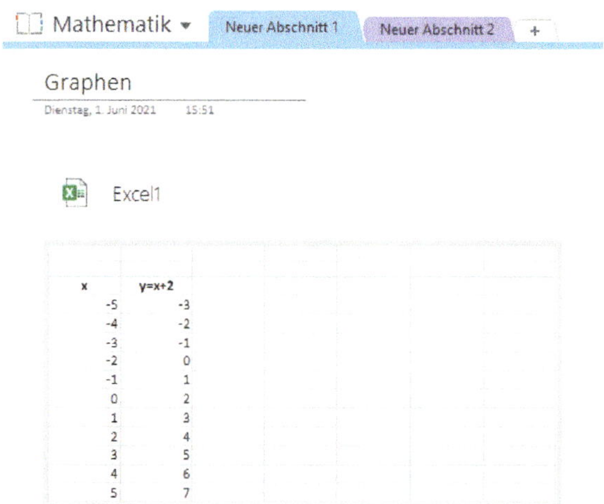

Aufgaben

1. Probiere die beiden anderen Möglichkeiten aus, die dir OneNote beim Einfügen der Datei angeboten hat, und beobachte, was geschieht.
2. Erstelle selbst eine Excel-Datei für einen Graphen und binde sie in OneNote ein.

Eine Kalkulationstabelle erstellen

Beispiel 2:
Du hast gerade eine Excel-Tabelle, die du schon auf deinem Rechner hattest, auf einer Seite in OneNote eingebunden. Das funktionierte verhältnismäßig leicht. OneNote bietet aber noch eine weitere Möglichkeit an, Kalkulationstabellen einzubinden.

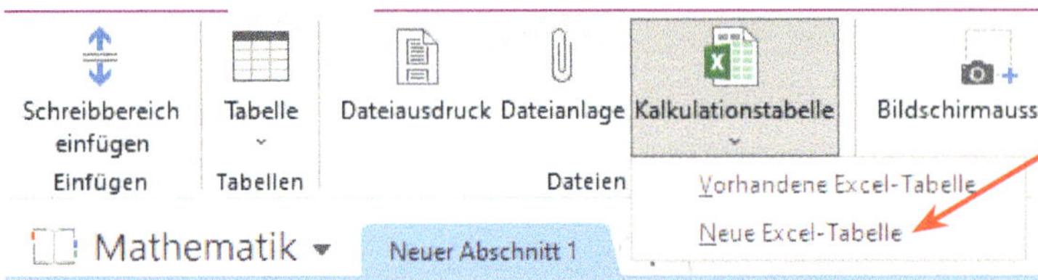

Du hattest beim ersten Beispiel zwei Optionen zur Auswahl. Die erste hast du bereits genutzt, deshalb wollen wir nun die zweite Variante wählen, und zwar mit einem Beispiel aus dem Bereich der Zinsrechnung.

Erstelle ein Notizbuch **Mathematik** und darin eine neue Seite mit der Überschrift „Zinsrechnung“. Klicke unter dem Reiter **Einfügen** in der Registerkarte **Dateien** auf den Button „Kalkulationstabelle“ und wähle dort „Neue Excel-Tabelle“.

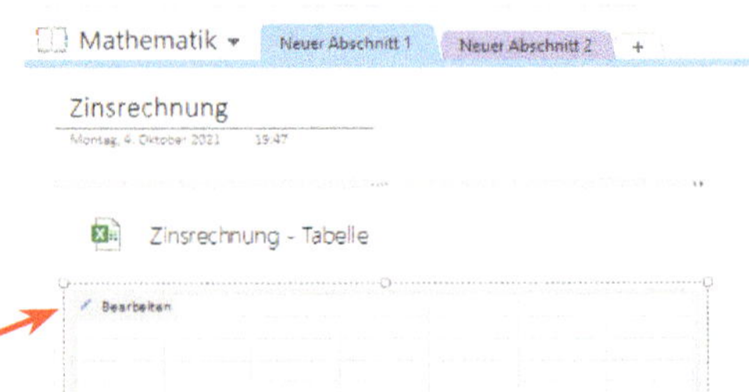

Die Seite sieht dann ungefähr so aus wie in der Abbildung rechts.

Klicke nun auf das Feld „Bearbeiten“.
Jetzt öffnet sich eine Seite in Excel, in der du Einträge vornehmen kannst. In die Tabelle gibst du die Werte für folgende Aufgabe ein:
Berechne die Zinsen (Z) für ein Kapital (K) von 2 500,00 € mit einem Zinssatz (p) von 1,2 % und einer Laufzeit (i) von 250 Tagen.
Erinnere dich an die Zinsformel: **Z = K * i * p / 100 * 360**

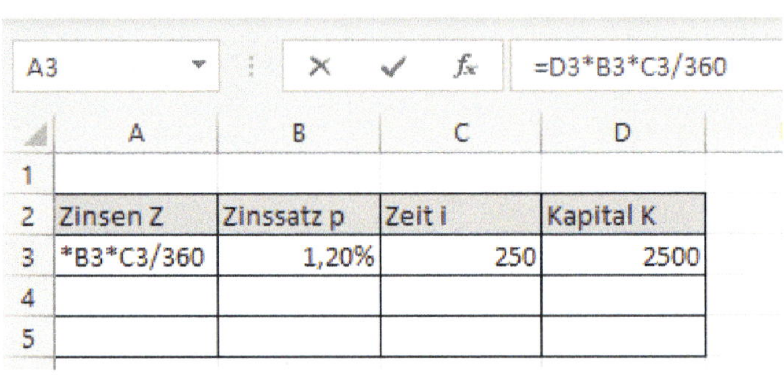

	A	B	C	D
1				
2	Zinsen Z	Zinssatz p	Zeit i	Kapital K
3	*B3*C3/360	1,20%	250	2500
4				
5				

Das Ergebnis soll im Feld A3 stehen. Klicke die Zelle an.
Gib dann in diesem Feld die Zinsformel ein, die mit dem Gleichheitszeichen beginnt.

Wenn du die Eingabe abgeschlossen hast, beendest du sie mit **Enter** und das Ergebnis steht sofort in der Zelle A3.

Du kannst nun die Excel-Tabelle abspeichern.

Gleichzeitig siehst du automatisch in OneNote, welche Eingaben du in der Excel-Tabelle machst. Du kannst die Aktualisierung auch vornehmen, indem du in die Tabelle mit rechts klickst. Dann öffnet sich dieses Fenster, in dem du „Aktualisieren“ wählst.

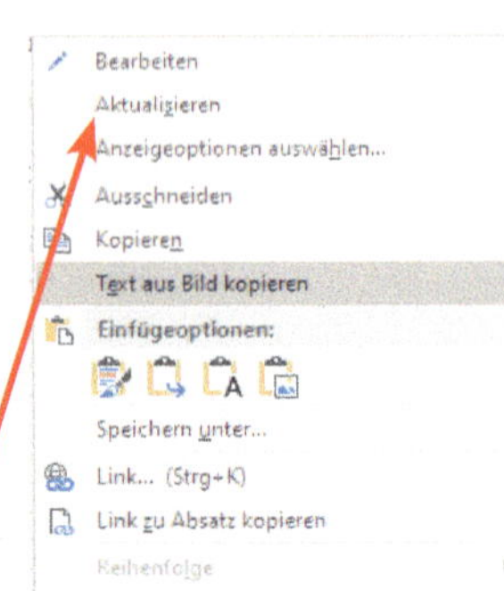

Diagramme einfügen

Du hast im Mathematikunterricht bestimmt verschiedene Diagramme kennengelernt und womöglich einige gezeichnet, aber auch in anderen Fächern sind dir Diagramme begegnet, weil man damit einen Sachverhalt oft anschaulicher darstellen kann, als das in einer kurzen Beschreibung möglich ist.

Hier sind ein paar Beispiele aus verschiedenen Kategorien:

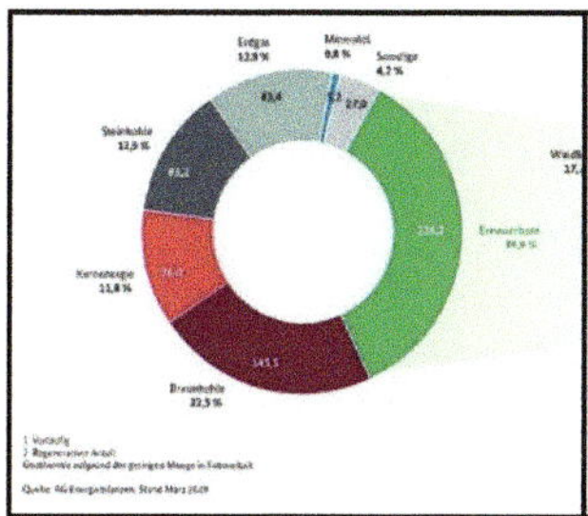	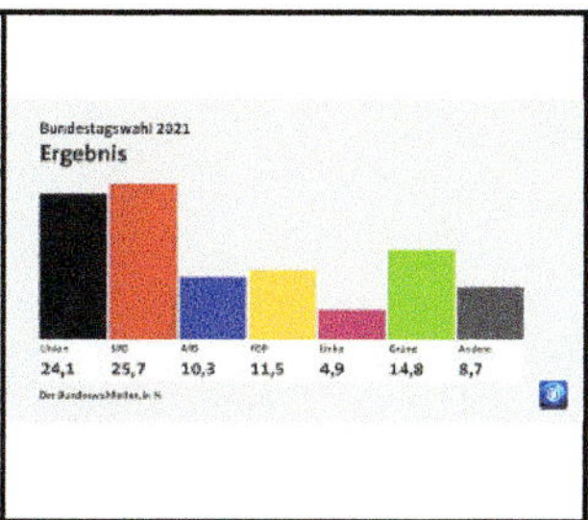	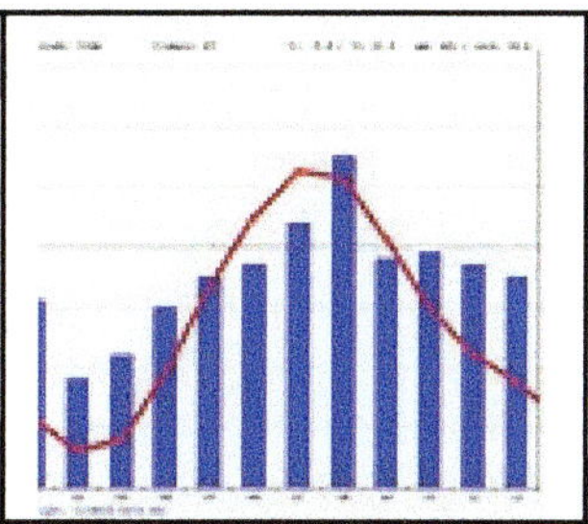	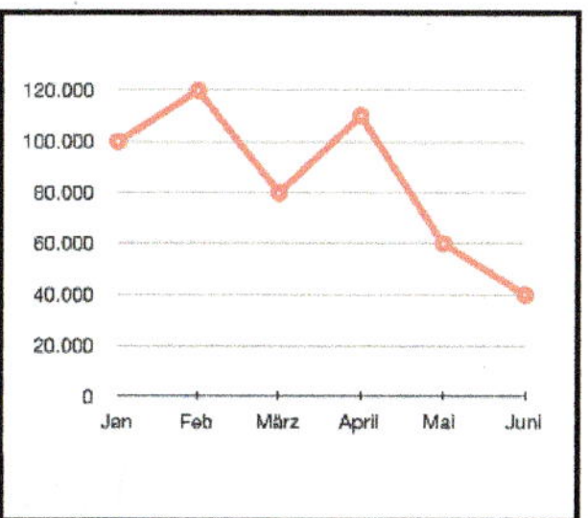
Kreisdiagramm	Balkendiagramm	Säulendiagramm	Liniendiagramm

Öffne das Notizbuch **Mathematik** und erstelle dort eine neue Seite. Benenne diese in „Diagramme“ um. Klicke dann in der Menüleiste auf den Reiter **Einfügen**.

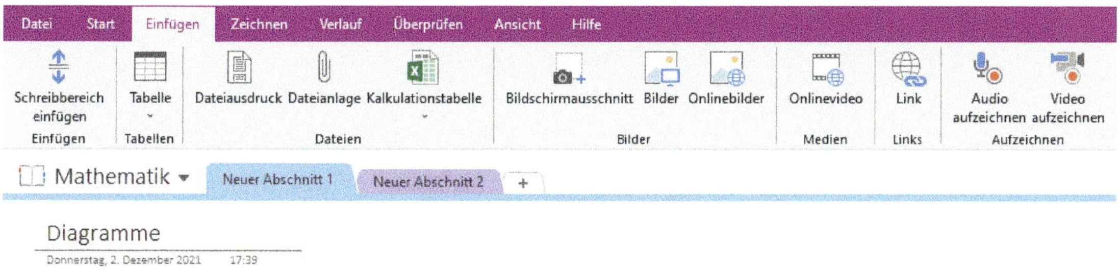

Auf dieser Seite sollen in einer Tabelle vier unterschiedliche Diagramme gezeigt werden. Klicke deshalb zunächst auf „Tabelle“ und wähle eine Tabelle mit zwei Reihen und zwei Spalten. Suche nun im Internet vier verschiedene Diagramme und speichere sie auf deinem Rechner ab (z. B. im Verzeichnis *Onenote/Unterlagen*). Klicke anschließend in ein Feld der Tabelle, dann in der Registerkarte **Bilder** auf „Bilder“ und suche eine deiner Grafiken. Mit einem Klick auf „Einfügen“ ist die Grafik auf der Seite eingebunden.
Diesen Vorgang wiederholst du für die übrigen drei Grafiken.

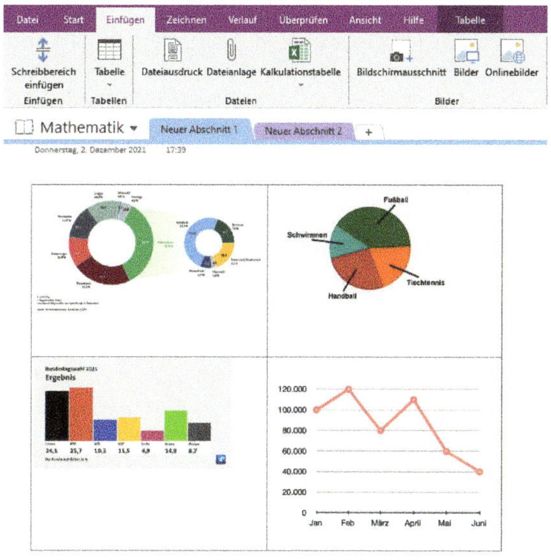

Aufgabe

Binde auf drei bereits vorhandenen Seiten jeweils eine Grafik ein.

Einen Schreibbereich einfügen

Du hast durch deine bisherige Arbeit mit OneNote erfahren, wo die Unterschiede zu einem Textverarbeitungsprogramm wie Word liegen. Hier in OneNote kannst du Inhalte vielfältiger Art sammeln, ohne das Programm wechseln zu müssen.
Jetzt kann es aber sein, dass du auf einer Seite, auf der du schon viele unterschiedliche Informationen gesammelt hast, noch einen etwas längeren Text schreiben willst.
Klicke dazu in der Menüleiste auf den Reiter **Einfügen**.

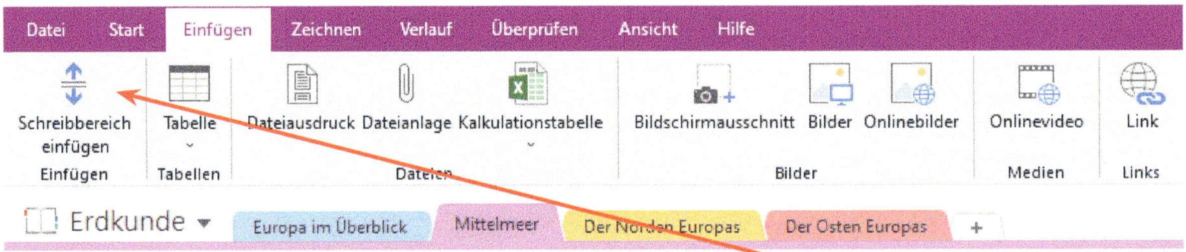

Dort findest du in der gleichnamigen Registerkarte den Button „Schreibbereich einfügen". Klicke auf der OneNote-Seite an die Stelle, wo du schreiben möchtest, und dann auf den Button.

Es erscheint an dieser Stelle nun eine Linie quer über den Bildschirm und dieses Zeichen:

Bestätige die Eingabe mit Enter. Das Zeichen ändert sich und sieht nun so aus:

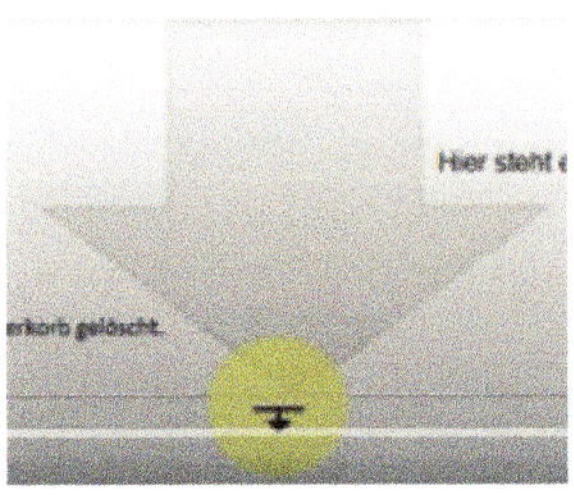

Mit gedrückter Maustaste ziehst du die Linie so weit nach unten, wie du Platz für deinen Text benötigst. Zwischen zwei Linien erscheint dabei ein großer Pfeil, der später wieder verschwindet.
Deine Eingabe bestätigst du mit Enter und kannst nun in dem neuen Schreibbereich einen Text eingeben.

Der Bildschirm sieht dann vielleicht wie in der Abbildung rechts aus.
Du erkennst noch den unteren Teil einer Aufzählung.

Dann die beiden ersten Bilder.

Dazwischen ist der (inzwischen ausgefüllte) Schreibbereich.

Aufgabe

Wähle oder erstelle ein beliebiges Notizbuch. Schaffe dort einen neuen Schreibbereich und füge einen kurzen Text ein.

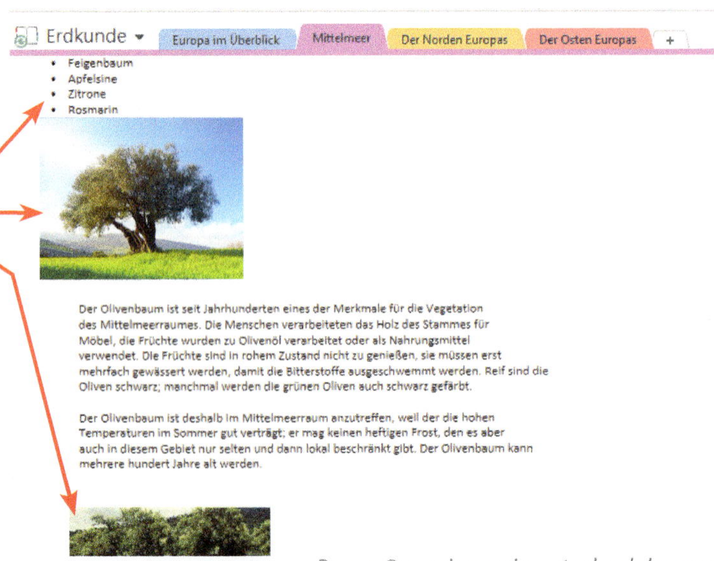

Baum: © oraziopuccio – stock.adobe.com

Ein Dokument einfügen

Zu einer Reihe von Themen hast du vielleicht schon Texte als Worddatei (oder in einem anderen Format) vorliegen und möchtest sie nun auch in OneNote verwenden. Das ist einfach.

Du hast beispielsweise die Datei mit dem Namen „To_do_Liste.doc“ im Verzeichnis *Onenote/UnterlagenOneNote* gespeichert. Dieses Dokument soll im Notizbuch **Schule** eingefügt werden.

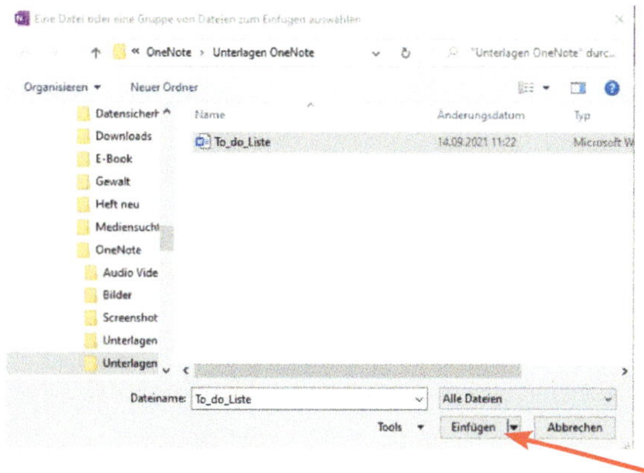

Gehe am besten wie folgt vor:
Öffne OneNote und das Notizbuch **Schule**. Gehe dort auf die Seite „Mein erstes Notizbuch“. Klicke auf dieser Seite an die Stelle, wo die Datei eingefügt werden soll. Jetzt klickst du in der Menüleiste auf den Reiter **Einfügen** und dort in der Registerkarte **Dateien** auf den Button „Dateianlage“.

Es öffnet sich ein Fenster. Hier suchst du das Verzeichnis, in dem die Datei liegt, wählst die Datei aus und bestätigst die Auswahl mit dem Klick auf **Einfügen**.

OneNote möchte anschließend von dir wissen, ob auf der Seite nur der Hinweis auf die Datei erscheinen soll oder der vollständige Text der Datei.
Wähle zunächst „Datei einfügen“ aus.

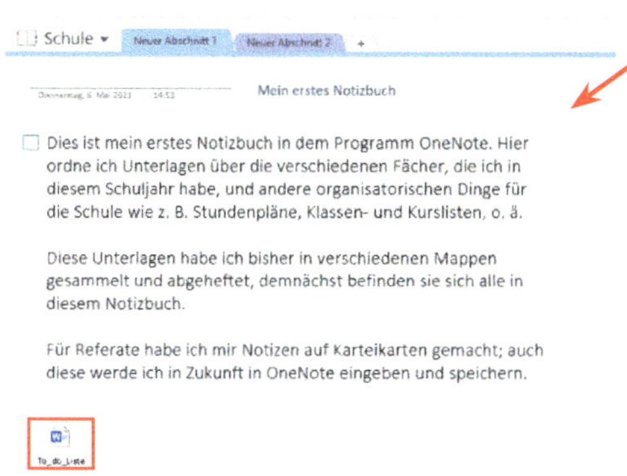

Nun sieht der Bildschirm in OneNote so oder ähnlich aus.
Im oberen Teil ist der bereits vorhandene Text zu erkennen, darunter das Symbol für ein Word-Dokument und der Name des Dokuments.

In vielen Fällen ist es aber vorteilhafter, wenn man den Inhalt des Dokuments sofort auf der Seite sehen kann.

Dazu wählst du statt „Datei einfügen“ den Befehl „Ausdruck einfügen“ aus und der Text der Datei erscheint auf dem Bildschirm.

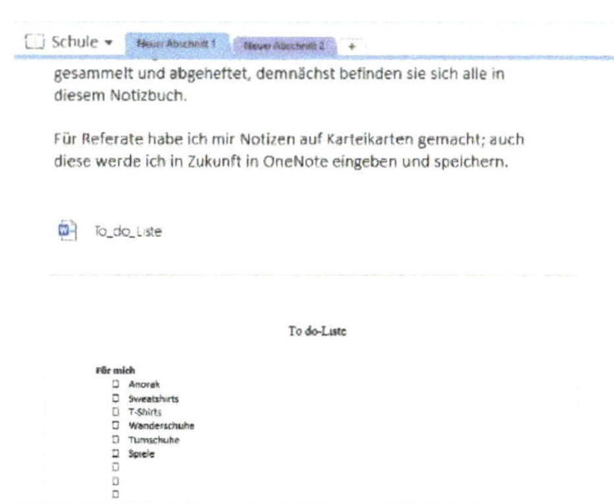

Aufgabe

Füge auf zwei beliebigen Seiten jeweils ein Dokument ein, und zwar einmal mit dem Befehl „Datei einfügen“ und das andere Mal mit dem Befehl „Ausdruck einfügen“.

Gespeicherte Bilder einfügen

Im Abschnitt „Mittelmeer“ hast du die Seite „Vegetation“ angelegt. Öffne sie und gib als Aufzählung folgende Pflanzen und Früchte ein:

Olivenbaum, Korkeiche, Zypresse, Pinie, Feigenbaum, Apfelsine, Zitrone, Rosmarin.

Die Liste kannst du gerne nach deinen Kenntnissen ergänzen.

Suche zu fünf dieser Pflanzen Bilder und speichere sie im Ordner „Bilder“.

Jetzt sollen die gespeicherten Bilder auf der Seite eingefügt werden, die du gerade angelegt hast.

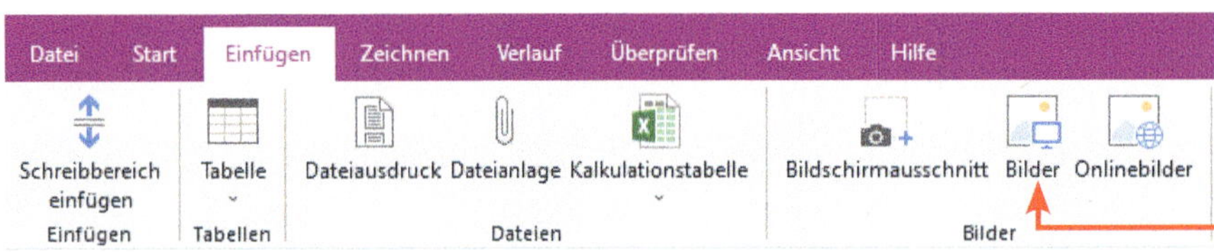

In der Menüleiste klickst du auf den Reiter **Einfügen** und in der Registerkarte **Bilder** auf den gleichnamigen Button.

Dann öffnet sich ein Fenster, in dem du das Verzeichnis mit den gespeicherten Bildern suchst (in diesem Fall ist es der Ordner **Bilder** im Unterverzeichnis OneNote). Dort siehst du alle gespeicherten Bilder.
Du klickst das Bild an, das du einfügen möchtest. Es ist nun farbig unterlegt.
Durch den Klick auf den Button „Einfügen“ wird das Bild auf der Seite eingefügt.

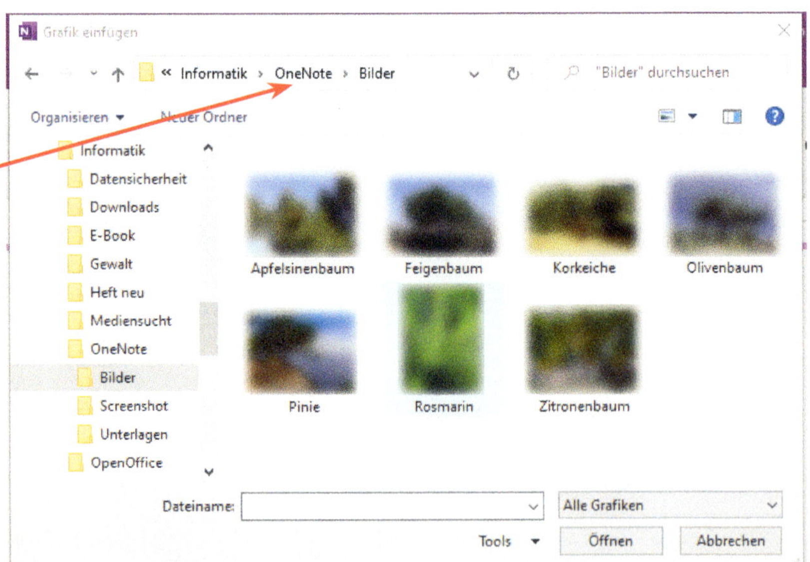

Aufgabe
Füge alle abgespeicherten Bilder auf dieser Seite auf diese Weise ein.

Die Bilder stehen nun untereinander in der Reihenfolge, in der du sie eingefügt hast. Da es bei OneNote eher darauf ankommt, Informationen zu einem Thema zu sammeln, spielt es keine Rolle, wie die Bilder angeordnet sind.

Bilder bearbeiten

Du hast Bilder von typischen Pflanzen des Mittelmeerraumes gesucht und auf einer Seite eingefügt. Der obere Teil der Seite könnte dann wie in der Abbildung rechts aussehen. Unter dem Text siehst du drei Bilder, die anderen Bilder sind weiter unten angeordnet und auf dem Screenshot nicht zu sehen.

Das mittlere Bild (Korkeiche) möchtest du nun verändern. Dazu klickst du auf das Bild, das dadurch einen Rahmen mit acht Quadraten als Anfasser erhält. Der Cursor verändert ebenfalls sein Aussehen und sieht jetzt ungefähr so aus: ✥

Mit gedrückter Maustaste kannst du das Bild bewegen, wodurch sich aber auch die anderen Bilder verschieben können.

Gehst du mit der Maus z. B. auf den Anfasser oben rechts, kannst du durch Ziehen nach oben rechts (so wie es der Cursor anzeigt) das Bild vergrößern.

Weitere Möglichkeiten erhältst du, wenn du mit der rechten Maustaste auf das Bild klickst. Die Menüoptionen erklären sich eigentlich von selbst. Für die Bearbeitung ist aber noch der Punkt „Drehen" interessant.

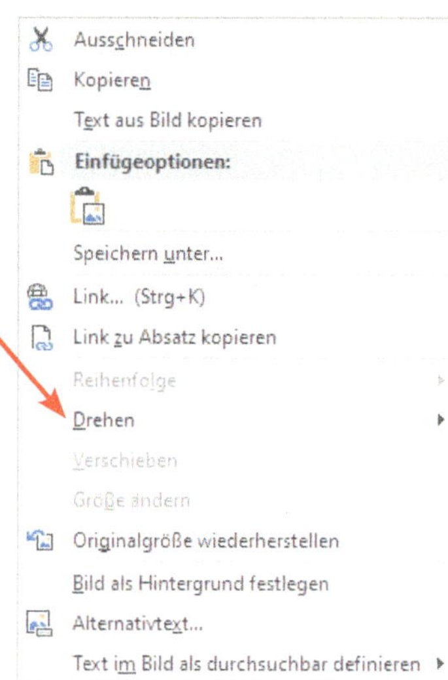

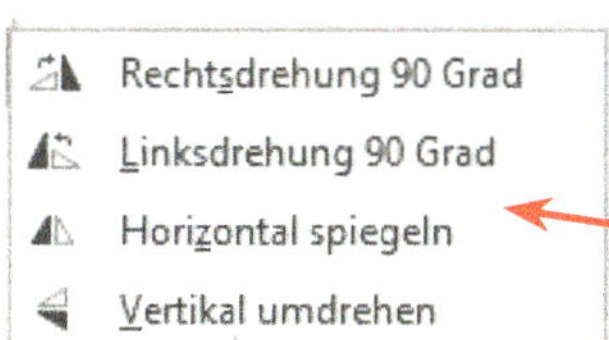

Mit einem Klick darauf öffnet sich ein weiteres Untermenü mit diesen vier Optionen. Probiere sie aus.

Wenn du z. B. von den Pflanzen bei der Suche weitere Informationen gefunden hast, kannst du die Bilder auf diese Stellen über die Option „Link..." verlinken. Nach dem Anklicken erscheint dieses Fenster:

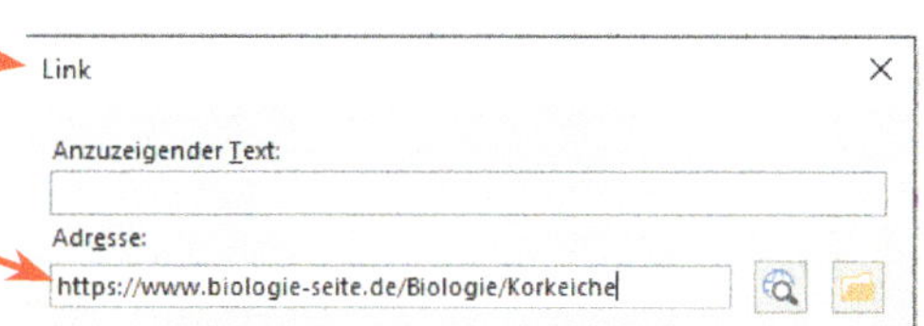

In das Feld „Adresse" gibst du die Internetadresse der Fundstelle ein und bestätigst die Eingabe mit **OK**. Wenn du jetzt auf das Bild klickst, öffnet sich die angegebene Seite mit den Informationen über die Korkeiche.

Aufgabe

Suche im Internet zu drei Pflanzen Seiten, auf denen man ausführliche Informationen über sie erhält, und verlinke die Bilder entsprechend.

Olivenbaum: © oraziopuccio – stock.adobe.com, Korkeiche: © ah_fotobox – stock.adobe.com, Pinie: © ArTo – stock.adobe.com

Bilder in einer Tabelle ordnen

In OneNote werden eingebundene Bilder unsortiert auf den Seiten gespeichert. Solltest du sie aber gerne sortiert auf einer Seite haben wollen, musst du einen kleinen Umweg gehen, indem du eine Tabelle anlegst.

Lege für das Beispiel in OneNote eine Seite wie in der Abbildung rechts an und suche dann jeweils ein Bild von jeder Hauptstadt. Speichere diese Bilder im Verzeichnis *OneNote / Bilder* ab.

Jetzt klickst du in der Menüleiste von OneNote auf den Reiter **Einfügen** und anschließend auf „Tabelle". Der Bildschirm sollte dann ähnlich wie in der Abbildung links aussehen.

Du hast vier Hauptstädte in deiner Liste stehen, also benötigst du vier Spalten. Damit du unter dem Bild jeweils den Namen der Stadt schreiben kannst, muss die Tabelle zwei Zeilen aufweisen.

Mit gedrückter Maustaste gehst du vom rot unterlegten Quadrat (links oben) vier Felder nach rechts und eine Zeile nach unten. Wenn du die Maustaste loslässt, erscheint eine leere Tabelle auf der Seite.

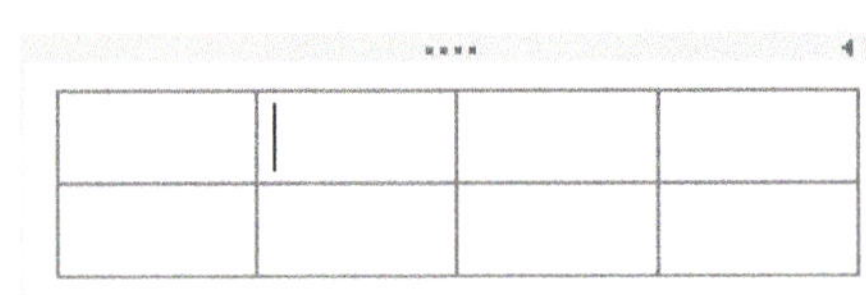

Jetzt kannst du in die oberen Felder die Bilder einfügen:
Einfügen → *OneNote / Bilder* → z. B. *Warschau.jpg*

In die untere Zeile trägst du die Namen der Städte ein, sodass die Tabelle am Ende ungefähr so aussieht:

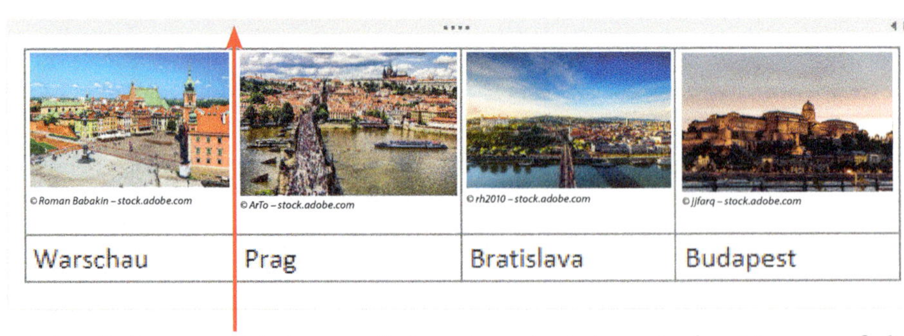

Wenn du die Tabelle auf der Seite verschieben möchtest, gehst du mit der Maus auf die graue Leiste und kannst sie mit gedrückter linker Maustaste an die gewünschte Stelle verschieben.

Aufgabe

Ergänze die Liste (und damit auch die Tabelle) um vier weitere Hauptstädte.
Wie ordnest du die acht Hauptstädte am sinnvollsten an?

Übernahme von Dokumenten in OneNote

Du hast in Word eine To-do-Liste erstellt und möchtest nun eine ähnliche (oder sogar gleiche) Liste in OneNote haben. Das ist einfacher, als du denkst. Dazu gehst du in folgenden Schritten vor:

Öffne das Word-Dokument mit der To-do-Liste.

Gehe im Menü auf „Drucken".

Wähle dort als Drucker „OneNote" aus.

Klicke dann oben links auf den Button „Drucken".

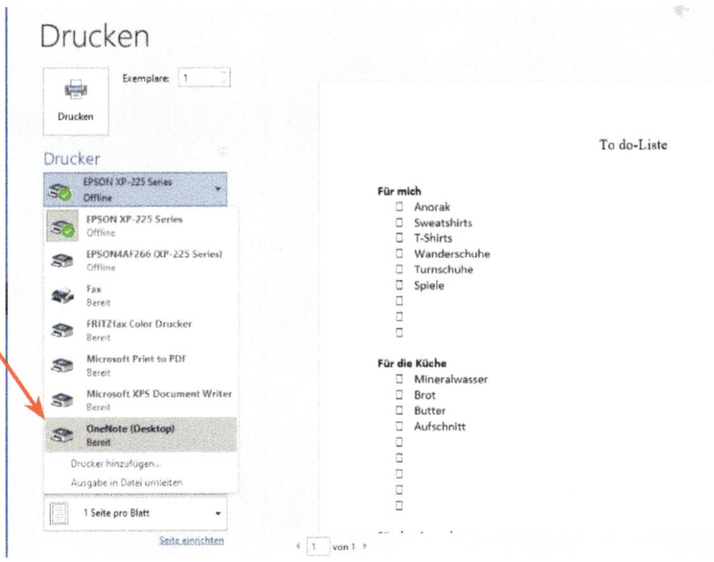

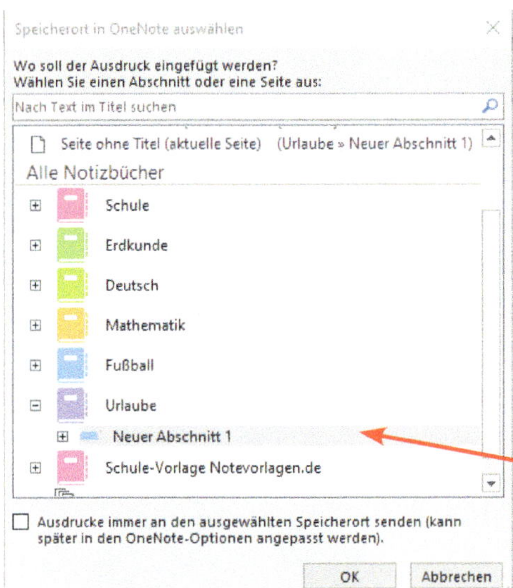

Jetzt wirst du gefragt, wo diese Datei gespeichert werden soll.
Die To-do-Liste gehört in den Abschnitt „Urlaube".
OneNote schlägt dir in diesem Abschnitt einen *„neuen Abschnitt"* oder *„eine Seite ohne Titel"* vor.
In unserem Beispiel ist *„Neuer Abschnitt 1"* gewählt und mit **OK** bestätigt worden.

Und schon findest du diese Liste in OneNote.

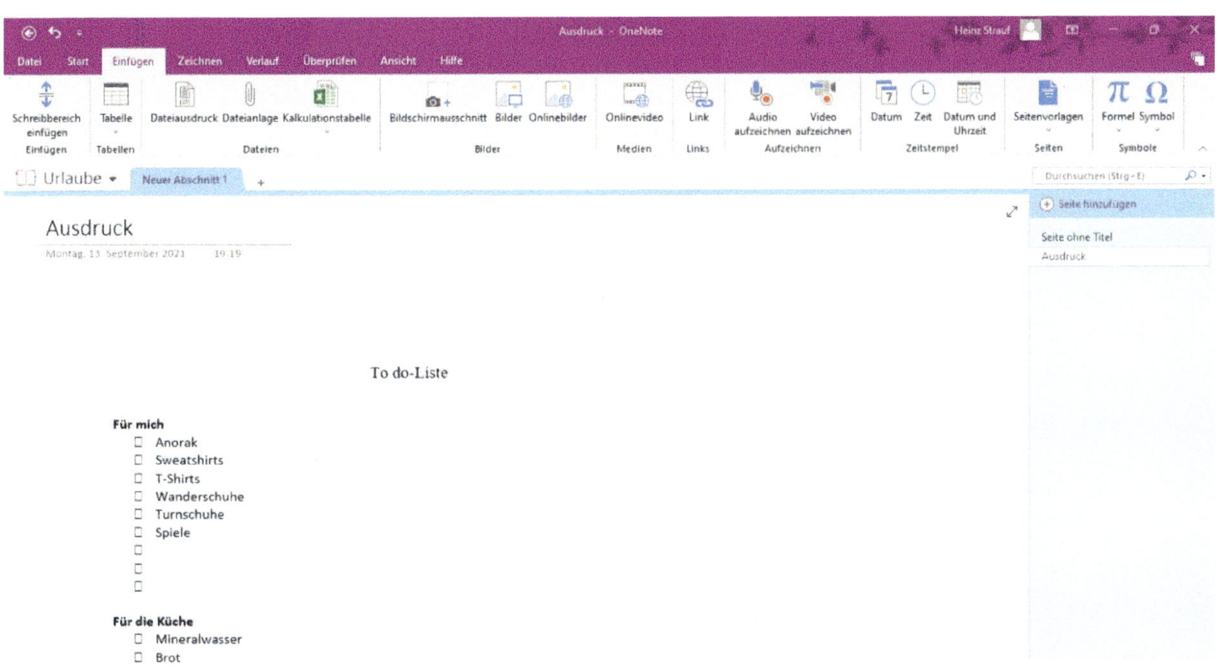

Übung: To-do-Liste erstellen

Stell dir vor: Übermorgen geht es in Urlaub, und zwar mit deinen Eltern und Geschwistern für 10 Tage in eine Ferienwohnung an der Ostsee. Da heißt es: packen.
Packen? Ja! Aber was?

Damit man nicht jedes Jahr von Neuem überlegen muss, was alles zu packen ist, spricht vieles für eine Packliste in Form einer To-do-Liste. Hier listest du alle Dinge auf, die du mitnehmen möchtest, und natürlich auch all das, was man in einer Ferienwohnung braucht. Sie hat den Vorteil, dass du beim Packen abhaken kannst, was schon im Koffer oder in der Reisetasche ist.

Sie könnte beispielsweise so aussehen:

Für mich

☐ Anorak
☐ Sweatshirts
☐ T-Shirts
☐ Wanderschuhe
☐ Turnschuhe
☐ Spiele
☐
☐
☐

© Africa Studio – stock.adobe.com

© Chris – stock.adobe.com

Für die Küche

☐ Mineralwasser
☐ Brot
☐ Butter
☐ Aufschnitt
☐
☐
☐
☐
☐

© Pixel-Shot – stock.adobe.com

© eNJoy Istyle – stock.adobe.com

Für den Strand

☐ Badehose
☐ Strandmatte
☐
☐

© baibaz – stock.adobe.com

© Picture Partners – stock.adobe.com

Aufgabe

Erstelle eine To-do-Liste in Word und setze die begonnene Liste fort. Übertrage sie anschließend in OneNote.

Audiodateien aufzeichnen

An vielen Stellen ist eine Erklärung durch Worte besser als ein langer Text. Zudem kann man Dinge z. B. an die beteiligten Personen einer Gruppenarbeit manchmal besser in einer kurzen Ansage verpacken als eine längere Erklärung in schriftlicher Form.

Um Sprachnachrichten aufzunehmen, gibt es viele Möglichkeiten, die du vielleicht auch von deinem Smartphone kennst.
In OneNote findest du diese Funktion auf der Startseite in der Menüleiste, nachdem du den Reiter **Einfügen** angeklickt hast. Dort siehst du am rechten Rand in der Registerkarte **Aufzeichnen** den Button „Audio aufzeichnen".

Um eine Sprachnachricht aufzunehmen, musst du diesen Button anklicken.
Jetzt verändert sich die Menüleiste und sieht etwa so aus:

Klicke auf dem Bildschirm an eine beliebige Stelle. Dann kannst du den Text sprechen. Es wird so lange aufgenommen, bis du auf **Beenden** klickst.
(Die einzelnen Menüpunkte erklären sich von selbst und sind dir von diversen Musikabspielgeräten bekannt.)

Auf dem Bildschirm liegt nun ein Button, den du nach deinen Wünschen umbenennen kannst, indem du mit der rechten Maustaste auf den Namen und dann im Untermenü auf „Umbenennen" klickst.

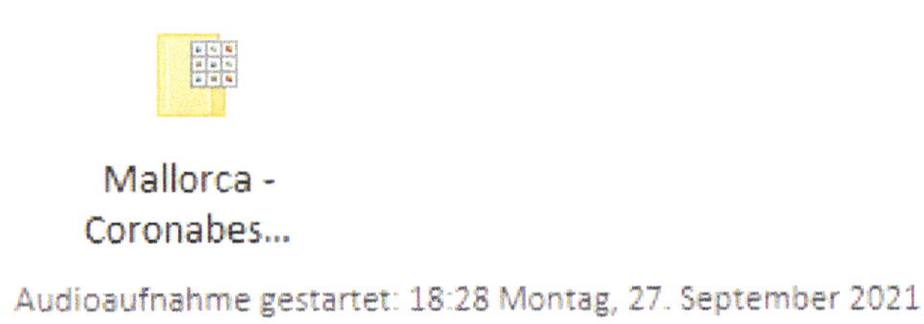

Aufgabe

Nimm eine Audiodatei auf, in der du den Mitgliedern deiner Arbeitsgruppe einen kurzen Artikel zu einem Thema des Notizbuchs **Der Norden Europas** vorliest.

Audiodateien einfügen

Du kannst Audiodateien nach deinen Wünschen aufnehmen und in OneNote einbinden. Es sollte aber auch möglich sein, Audiodateien, die du im Internet zu einem Thema gefunden hast, auf der entsprechenden Seite einzufügen.

Suche dafür zuerst eine passende Audiodatei im Netz und speichere sie auf deinem Rechner in einem beliebigen Verzeichnis, z. B. in *„OneNote / Unterlagen"*.
Öffne anschließend OneNote und klicke auf den Reiter **Einfügen**.
Der Bildschirm sieht dann so aus:

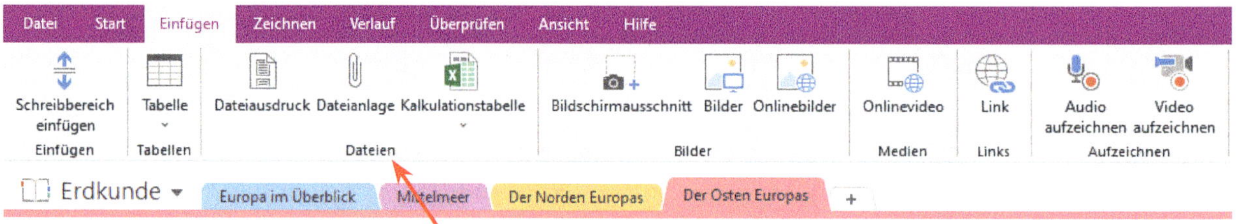

Klicke nun in der Registerkarte **Dateien** auf „Dateianlage".
Es öffnet sich ein Menü mit dem Verzeichnis, in dem die Datei gespeichert ist.
Klicke auf die Datei und dann auf **Einfügen**.

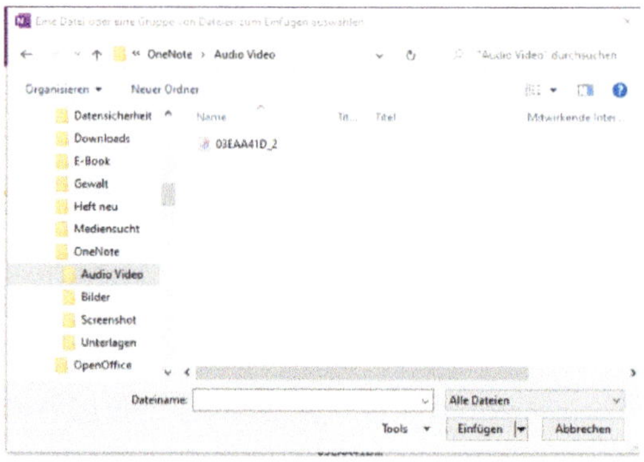

Damit ist die Datei auf der Seite in OneNote eingebunden.
Die Seite könnte dann wie unten aussehen; hinter diesem Button liegt die Audiodatei.

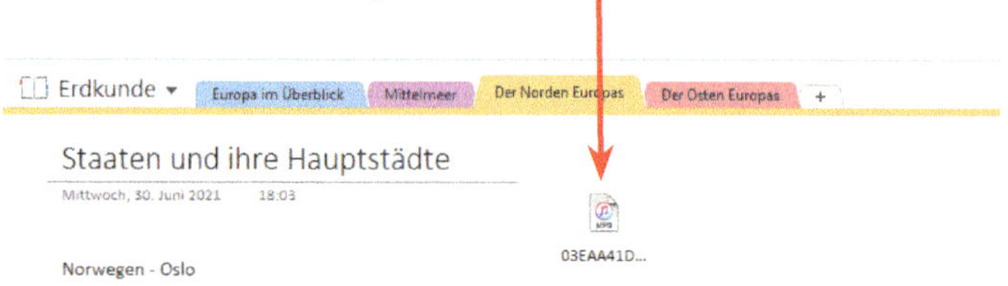

Damit du auch später noch weißt, welche Datei das ist, solltest du sie umbenennen, z. B. in „Das Glück wohnt in Norwegen". Dazu machst du einen Rechtsklick auf den Button, wählst „Umbenennen", gibst einen neuen Namen ein und bestätigst mit **OK**.

© schame87 – stock.adobe.com

Aufgabe

Suche eine Audiodatei, die sich mit dem Themenfeld „Der Norden Europas" befasst, und füge sie in die entsprechende Seite in OneNote ein.

Videodateien aufzeichnen

Ähnlich wie bei Audiodateien ist das Vorgehen, wenn du eigene Videos in OneNote einfügen möchtest. Voraussetzung für die Aufnahme ist ein Gerät (Laptop, Smartphone, Tablet o. Ä.), das über eine Kamera und ein Mikrofon verfügt.

Wenn dir ein solches Gerät zur Verfügung steht, gehst du wie folgt vor: Öffne OneNote und klicke auf den Reiter **Einfügen**.

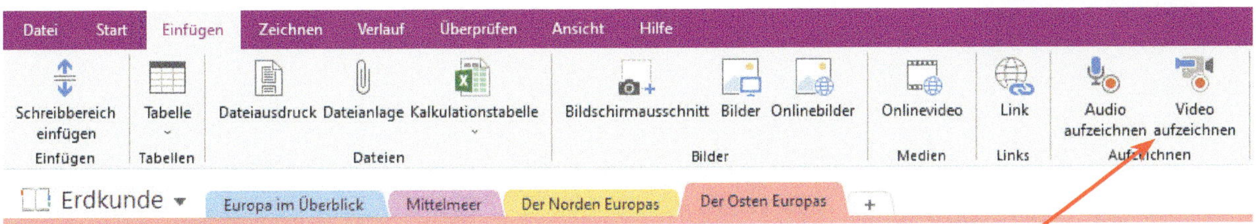

Klicke nun in der Registerkarte **Aufzeichnen** auf „Video aufzeichnen".
Dadurch wird das Video sofort aufgenommen. Erst wenn du auf **Beenden** klickst, wird die Aufnahme gestoppt.

Jetzt ist auf der Seite ein Button zu sehen. Wenn du ihn anklickst, wird das Video abgespielt.

In diesem Beispiel ist die Datei bereits umbenannt worden, damit man weiß, was sich hinter dem Namen versteckt.

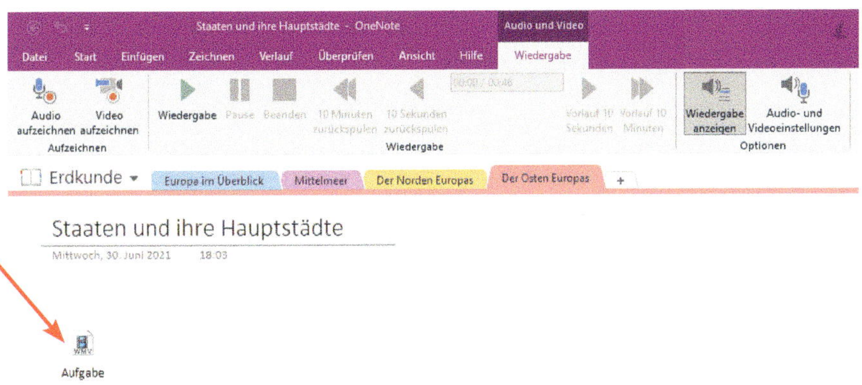

Die Menüleiste erklärt sich von selbst:

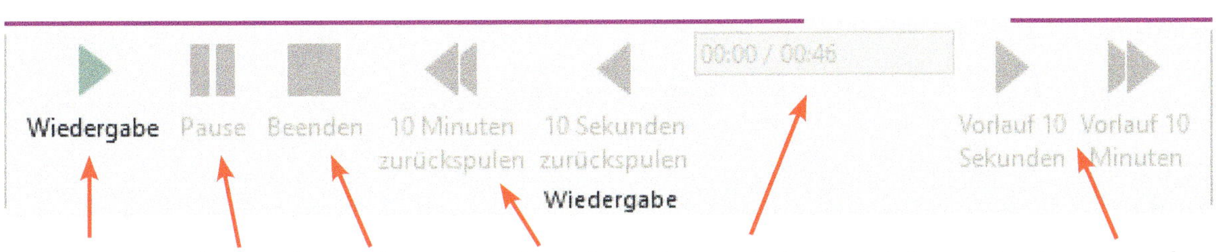

Wiedergabe, Pause, beenden, zurückspulen, abgespielte Zeit / Gesamtzeit, vorspulen.

Aufgabe

Erstelle eine Videodatei, die sich mit dem Themenfeld „Der Norden Europas" befasst, und füge sie in die entsprechende Seite in OneNote ein.

Onlinevideos einfügen

Du hast bereits passende Bilder zu vorgegebenen Themen gesucht und auf den Seiten eingebunden.
Aus dem eigenen Unterricht weißt du aber auch, dass manchmal ein Film oder Video besser ist als viele Bilder und lange Texte. Deshalb wollen wir nun zum Thema der osteuropäischen Hauptstädte ein Video hinzufügen.

Klicke auf den Reiter **Einfügen**. Dort findest du den Button „Onlinevideo".

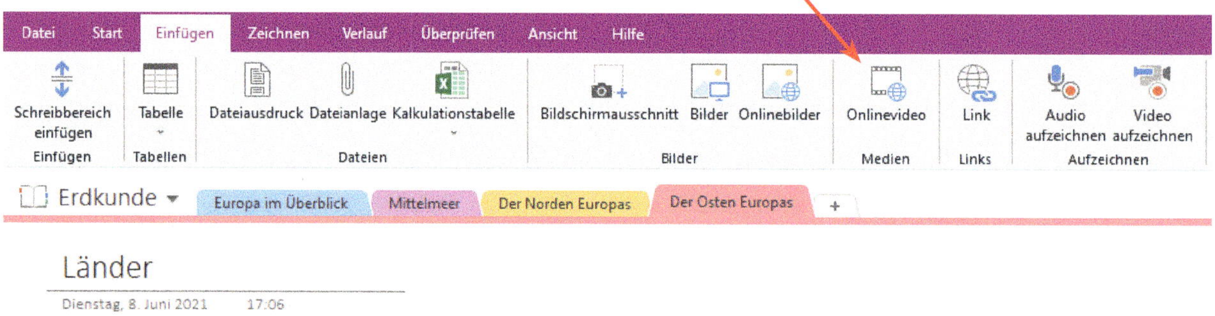

Wenn du diesen Button anklickst, wirst du nach der Internetadresse gefragt, wo sich das Video befindet.
Du musst also zunächst nach einem passenden Video recherchieren, damit du die Adresse hier eintragen kannst.

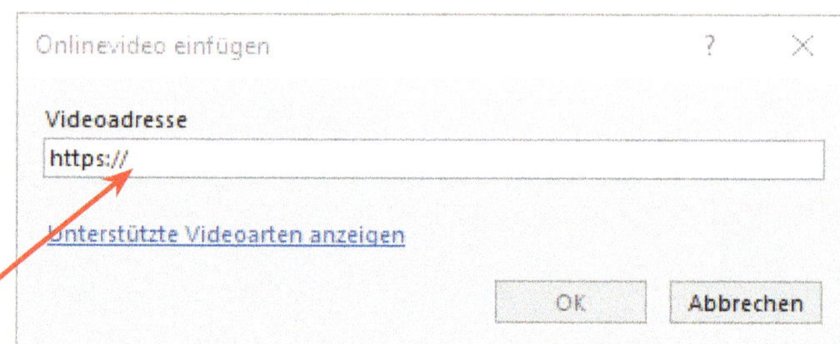

Für dieses Beispiel solltest du ein Video über die Sehenswürdigkeiten der tschechischen Hauptstadt Prag im Internet suchen, die Adresse kopieren und dann in dieses Feld in OneNote einfügen. Ein mögliches Video findest du unter *https://www.youtube.com/watch?v=y-o_uMepnZ4.*

Mit einem Klick auf den Button „OK" ist das Video auf der Seite eingefügt.

Wenn du auf das Dreieck in der Mitte des Bildes klickst, wird das Video abgespielt. Du kannst es über die bekannten Symbole anhalten, lauter und leiser machen sowie vorspulen.
In OneNote werden verschiedene Videoportale unterstützt, neben Youtube sind das z. B. „Vimeo" oder „Dailymotion".

Aufgabe

Suche zu drei deiner bisher erstellten Seiten jeweils ein passendes Video und binde es dort ein.

Links einfügen

Du hast im Abschnitt Mittelmeer u. a. die Seite „Vegetation" erstellt, auf der du wichtige Pflanzen des Mittelmeerraumes aufgelistet hast. Dazu hast du auch entsprechende Bilder gesucht und auf der Seite platziert.
Für ein Referat wäre es aber wichtig, dass du über einzelne Pflanzen genauere Informationen bekommst. Ein mögliches Hilfsmittel ist der **Link**. Mit ihm verweist du auf eine Seite, auf der es gezielte, ausführliche Informationen zu diesem Begriff gibt.

Öffne dazu in OneNote im Abschnitt „Mittelmeer" die Seite „Vegetation".

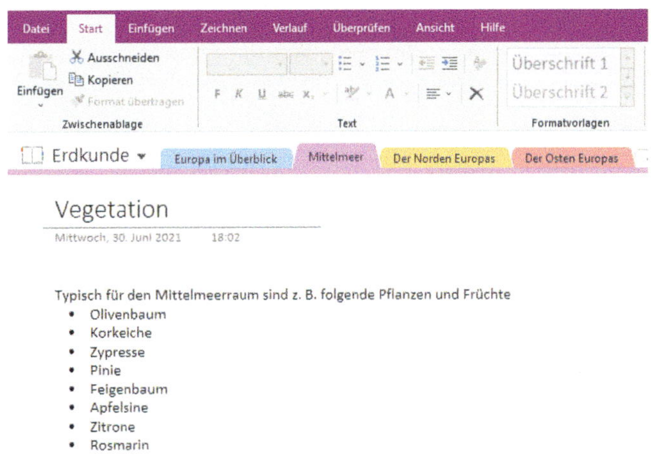

Hier siehst du die Liste mit einigen typischen Pflanzen und Früchten des Mittelmeerraums. Du möchtest auf dieser Seite nun weitere Informationen zum Olivenbaum einfügen.
Markiere dafür das Wort „Olivenbaum".
In der Menüleiste klickst du auf **Einfügen** und dort in der Registerkarte **Links** auf den gleichnamigen Button.

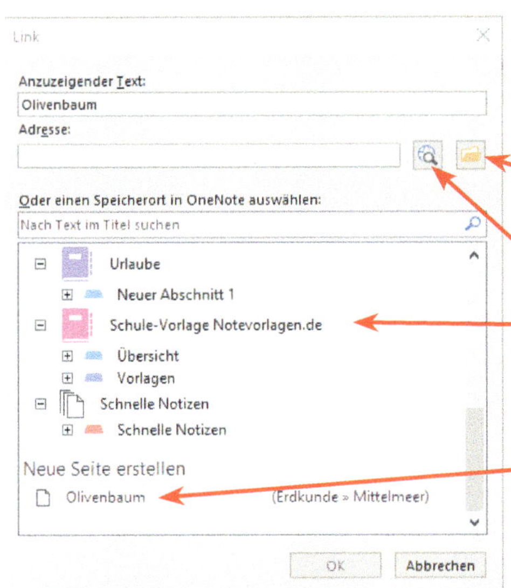

Jetzt öffnet sich ein neues Fenster.

Hier hast du mehrere Möglichkeiten:

1. Du hast zu diesem Thema eine Datei auf deinem Rechner.
2. Du recherchierst dazu im Internet.
3. In OneNote hast du schon Details zum Olivenbaum gespeichert und suchst hier die entsprechende Seite.
4. Wenn du bis zum Ende scrollst, siehst du den Punkt „Neue Seite erstellen". Wenn du das Kästchen anklickst, erstellst du eine neue Seite zu diesem Thema.

Du entscheidest dich jetzt für Möglichkeit 2 und suchst im Internet nach einer passenden Seite. Du wählst z. B. *https://naturdetektive.bfn.de/lexikon/pflanzen/olivenbaum.html* aus und trägst (oder kopierst) den Link in das Feld unter **Adresse** ein. Es erscheint das Wort „Olivenbaum" in der Farbe Blau und ist unterstrichen. Diese beiden Merkmale zeigen, dass es sich um einen Link handelt. Wenn du nun das Wort „Olivenbaum" anklickst, öffnet sich die gewünschte Seite.

Aufgabe

Verfahre so auf drei unterschiedlichen Seiten, indem du dort entsprechende Links einrichtest.

Arbeiten mit Mindmaps

Eine Mindmap – Was ist das?

Eine beliebte Möglichkeit, Ideen zu einem Thema zu sammeln, ist eine Mindmap.

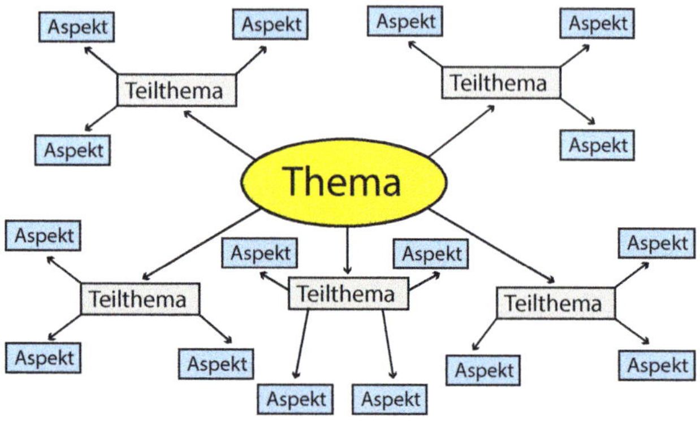

Was macht eine Mindmap aus?

1. In der Mitte steht das Thema.
2. Das Thema erhält wichtige Unterpunkte (Teilthemen).
3. Dazu werden Aspekte/Details gesucht.
4. Kleine Bilder helfen beim Merken.
5. Man sollte mindestens zwei Farben nutzen.

Diese Vorgaben wenden wir nun auf das Thema „Mittelmeerraum" an:
Ben will mit Svea und Martin eine Mindmap dazu ausarbeiten.
Den Begriff **Mittelmeerraum** schreiben sie in die Mitte.

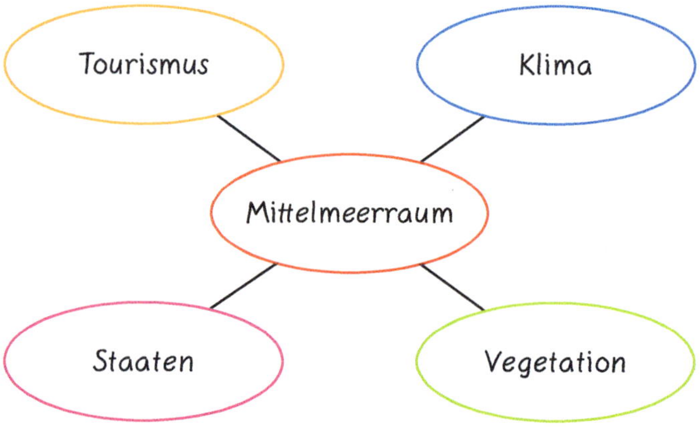

Svea möchte gerne als wichtige Unterpunkte „Vegetation" und „Staaten" anführen. Martin schlägt vor, „Klima" zu ergänzen. Ben sagt, dass „Tourismus" im Mittelmeerraum ebenfalls wichtig ist. Ihre vier Unterpunkte ordnen sie nun um den zentralen Begriff. Um die Teilthemen gut unterscheiden zu können, geben sie ihnen verschiedene Farben. Die vier Punkte reichen zunächst, die Mindmap lässt sich bei Bedarf ja ohne Probleme um weitere Teilthemen ergänzen.

„Zu Tourismus fallen mir Kreuzfahrten ein." – „Ich denke da vor allem an Strandurlaub." Ben, Martin und Svea suchen weitere Details. „Am Mittelmeer wachsen Olivenbäume. Und Pinien."

Aufgaben

1. Suche zu jedem Unterpunkt mindestens zwei Details, gerne auch mehr. Trage sie auf einem Blatt entweder in Kästchen (wie in der ersten Abbildung) ein oder einfach auf Linien.
2. Suche im Internet zu drei Details, die du notiert hast, jeweils ein Bild und hefte es an der entsprechenden Stelle an.

Arbeiten mit Mindmaps

Eine Mindmap erstellen

Die Gruppe hat sich in der Mindmap zum Thema „Mittelmeer“ auf wichtige Punkte geeinigt. Wie bekommt man nun diese Mindmap auf eine Seite in OneNote?

Öffne dazu in OneNote das Notizbuch **Erdkunde** und den Abschnitt „Mittelmeer“. Füge dort eine neue Seite ein und benenne sie in „Mindmap – Mittelmeer“ um.
Klicke in der Menüleiste auf den Reiter **Zeichnen**.

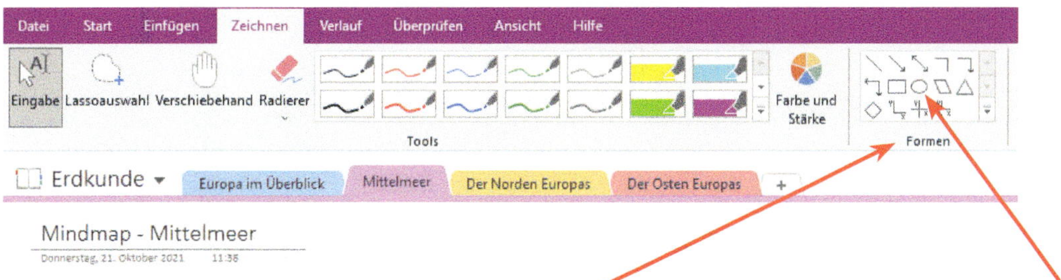

Dort findest du die Registerkarte **Formen** und darin das Zeichen für eine Ellipse. Klicke es an.

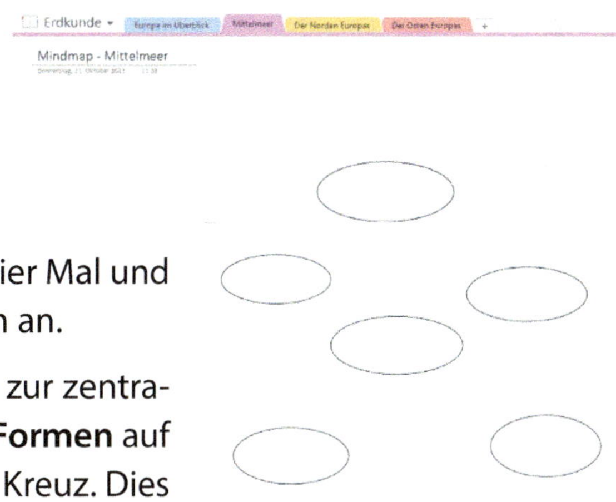

Auf dem Bildschirm erscheint ein Kreuz (+). Mit gedrückter linker Maustaste kannst du nun eine Ellipse zeichnen. Sobald du mit dem Ergebnis zufrieden bist, lässt du die Taste los.

Wiederhole diesen Vorgang noch mindestens vier Mal und ordne die Ellipsen um die zentrale Ellipse herum an.

Anschließend ziehst du Linien von den Ellipsen zur zentralen Ellipse. Dazu klickst du in der Registerkarte **Formen** auf das Zeichen für eine Linie. Wieder erscheint das Kreuz. Dies führst du dorthin, wo die Verbindungslinie beginnen soll, und gehst mit gedrückter linker Maustaste zur zentralen Ellipse. Auch das wiederholst du für alle Ellipsen.

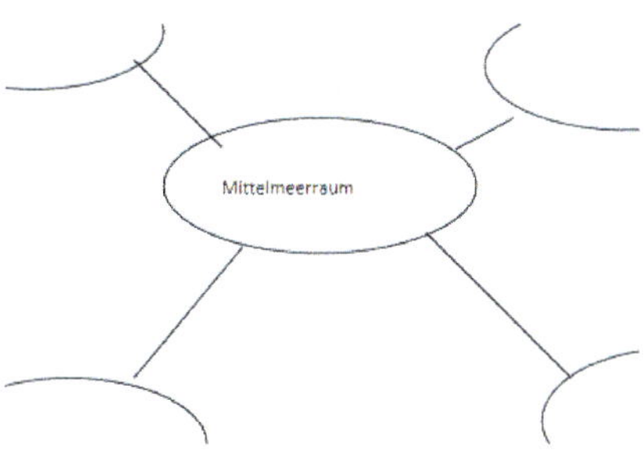

Jetzt folgt noch die Beschriftung. Klicke in die zentrale Ellipse. Sofort öffnet sich ein Textfeld, in das du den Begriff eingeben kannst.
Die Schrift kannst du nach deinen Wünschen gestalten, sowohl was die Größe als auch die Farbe betrifft.

Wenn du auf eine Ellipse klickst, öffnet sich ein Fenster. Dort wählst du die Stiftfarbe und -stärke, mit der die Ellipse gezeichnet wird.

Aufgabe

Vervollständige nach diesem Schema die Mindmap mit den vier Teilthemen „Tourismus“, „Staaten“, „Klima“ und „Vegetation“.

Arbeiten mit Mindmaps

Du hast nun das Raster für eine Mindmap mit fünf Ellipsen gezeichnet. Die Beschriftung hast du in Größe und Farbe gestaltet. Auch den Ellipsen hast du eine Farbe gegeben, sodass die Seite in OneNote ungefähr so aussehen könnte wie in der Abbildung rechts.

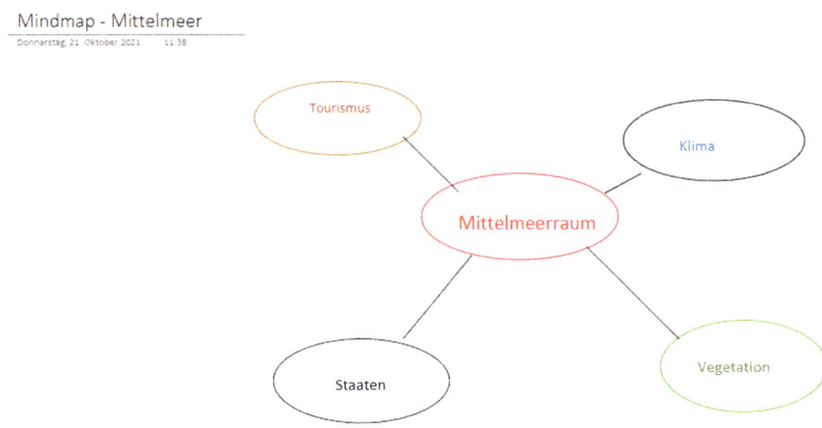

In der Aufgabe auf dem ersten Arbeitsblatt zum Thema „Eine Mindmap – Was ist das?“ wurde angeregt, weitere Details in die Mindmap einzutragen, entweder in Kästchen oder auf Linien.
Zur Technik in OneNote: Die Kästchen bringst du ähnlich den Ellipsen auf die Seite, indem du das Zeichen für das Rechteck nutzt.

Es werden nun folgende Details in die Mindmap eingetragen:
Italien, Spanien, Griechenland, Korkeiche, Pinie, Kreuzfahrten, Strandurlaub.
(Du kannst die Liste gerne um weitere Texte und Bilder erweitern.)

Vielleicht sieht dein Bildschirm am Ende so oder ähnlich aus:

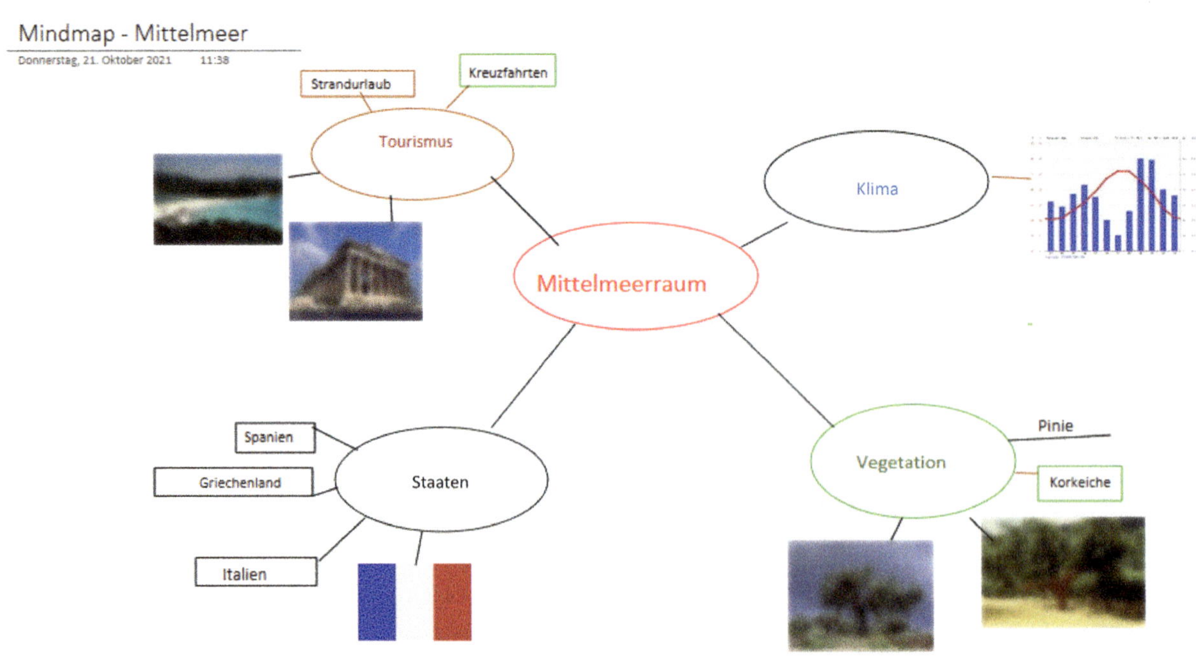

Aufgabe
Gestalte eine weitere Mindmap zu einem aktuellen Thema, das dich interessiert.

Einen Bildschirmausschnitt festhalten

Der Begriff „Bildschirmausschnitt" ist dir womöglich unter dem englischen Wort „Screenshot" geläufiger, weil er fest zum Sprachschatz der Smartphone- und PC-Nutzenden gehört. Bei OneNote gibt es einen kleinen Unterschied zu den Screenshots, die du vielleicht bisher mit deinem Smartphone oder PC gemacht hast. Das lässt sich am leichtesten an einem Beispiel erläutern.

Du hast im Notizbuch **Mittelmeer** eine Seite „Mindmap" erstellt, auf der du vier Unterthemen (*Tourismus*, *Klima*, *Vegetation* und *Staaten*) genannt hast. Du recherchierst nun im Netz zum Thema „Tourismus" und findest z. B. einen dazu passenden Text auf einer Webseite. Diese Informationen möchtest du der Mindmap hinzufügen.
Halte dafür die gefundene Seite offen.
Öffne OneNote und klicke dort auf den Reiter **Einfügen**. Klicke auf die Stelle, wo der Bildschirmausschnitt eingefügt werden soll.

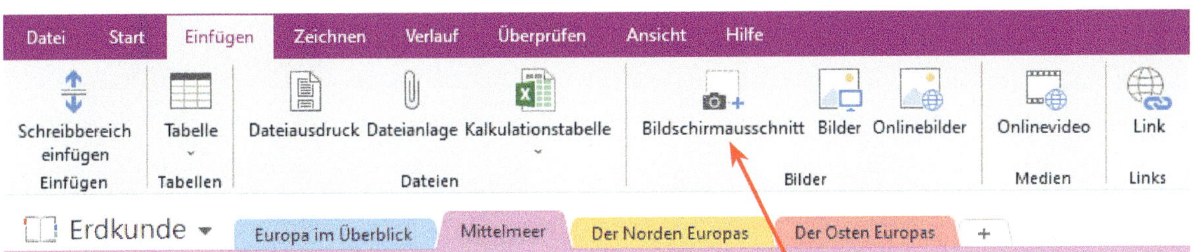

Klicke nun in der Registerkarte **Bilder** den Button „Bildschirmausschnitt" an.

OneNote verschwindet im Hintergrund und du siehst die Webseite hinter einem Schleier. Mit gedrückter Maustaste zeichnest du jetzt ein Rechteck um den Textausschnitt, den du in die Mindmap kopieren möchtest. Wenn du die Maustaste loslässt, ist der Text in OneNote eingebunden, und zwar an der gewünschten Stelle. Die Seite sieht dann zum Beispiel so aus:

Aufgabe

Suche zu mindestens zwei Themen passende Texte, Grafiken oder Bilder und füge sie mithilfe der Funktion „Bildschirmausschnitt" auf dieser Seite oder in einem anderen Notizbuch ein.

Vorbemerkungen zum Bereich „Zeichnen“

Zu der Registerkarte **Zeichnen** in OneNote sollen zunächst ein paar Vorbemerkungen gemacht werden. Selbstverständlich sind alle Funktionen, die in dieser Registerkarte aufgelistet sind, in allen Versionen voll funktionsfähig, aber es sind doch Einschränkungen zu machen.

So sieht die Menüleiste im Reiter **Zeichnen** aus:

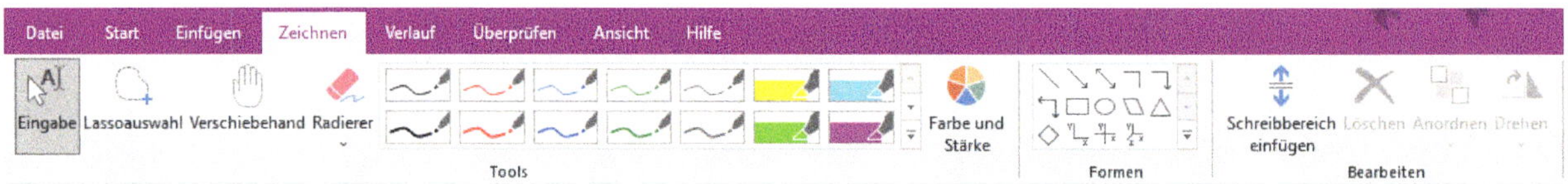

Der größte Teil der Funktionen kann nur vollständig genutzt werden, wenn das Programm auf einem Gerät installiert ist, das auf dem Bildschirm mit einem Stift beschrieben werden kann. Dann sind freihändige Eingaben für Texte, Formeln oder Formen möglich (mit der Maus ist das schwieriger umzusetzen).

© leungchopan – stock.adobe.com

Nachfolgend werden exemplarisch einige Funktionen vorgestellt, deren kompletter Umfang nur bei Touchscreen-Geräten und mit dem entsprechenden Zubehör möglich ist.

Hilfslinien: Wenn du Seiten mit Hilfslinien erstellt hast, wird die Eingabe mit einem digitalen Stift viel einfacher.

© Farknot Architect – stock.adobe.com

Zeichnen: Im Programm sind eine Reihe von Formen vorgegeben, die ohne Probleme nur mithilfe der Maus genutzt werden können. Auf einem Gerät mit Touchscreen kannst du hingegen mit einem digitalen Stift schnell Formen selbst skizzieren.

Text umwandeln: Das ist eine fantastische Lösung in OneNote. Texte, die du handschriftlich auf dem Touchscreen (oder mit der Maus) geschrieben hast, wandelt das Programm in gedruckte Schrift um.

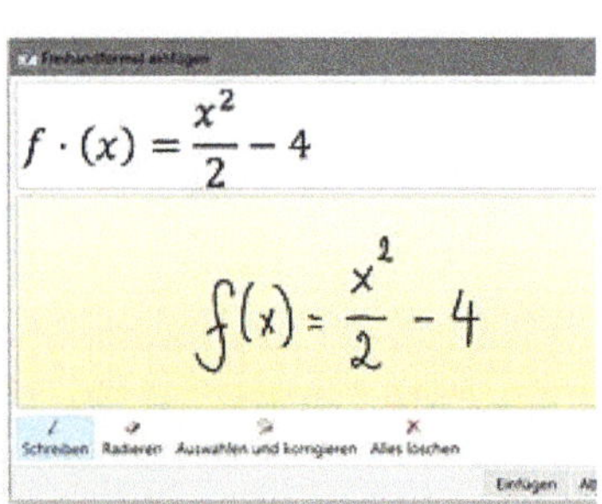

Mathematische Formeln: Hier gilt das Gleiche wie für Text. Formeln, die handschriftlich notiert wurden, werden umgewandelt.

Die Funktion „Zeichnen“

Die Menüleiste

Die meisten Buttons im Reiter **Zeichnen** sind leicht zu verstehen:

1. **Eingabe**: Durch Anklicken dieses Buttons kannst du in den Zeichnungen schreiben und Text eingeben.
2. Hier findest du die Möglichkeit, die Seite beliebig zu verschieben (**Verschiebehand**) oder Linien zu radieren (**Radierer**).
3. In diesem Bereich wählst du die **Strichstärke** und **Farbe** für den Stift aus, mit dem du zeichnen möchtest.
4. Hier stehen dir die **Marker** zur Verfügung. Über die Pfeile rechts daneben kannst du weitere Farben und Stärken auswählen.
5. Wenn du den **Farbkreis** anklickst, erhältst du weitere Möglichkeiten, Farbe und Stärke für den Stift und den Textmarker einzustellen.
6. In der Registerkarte **Formen** wird dir eine Vielzahl von Formen angeboten, die du zum Zeichnen verwenden kannst, z. B. Quadrat, Ellipse, Pfeile, Diagramme.
7. In der Registerkarte **Bearbeiten** findest du u. a. Optionen, die Zeichnungen zu bearbeiten oder anzuordnen und einen Schreibbereich einzufügen.
8. Die Registerkarte **Konvertieren** gibt dir die Möglichkeit, z. B. handschriftlich eingegebene Formeln in Gleichungen einzufügen.

Am besten ist es, gleich einige der vorgestellten Menüpunkte auszuprobieren.
Lege dazu beispielsweise eine Mindmap mit dem Thema „Erneuerbare Energien“ an.
Öffne dafür OneNote und das Notizbuch **Erdkunde** mit dem Abschnitt „Europa im Überblick“.
Lege hier eine neue Seite mit dem Titel „Erneuerbare Energien“ an.

Zeichne nun mit einem beliebigen Stift eine Ellipse (in Rot) in die Mitte und vier weitere Ellipsen (in Schwarz) um die mittlere herum. Dann könnte der Bildschirm so aussehen:

Die Funktion „Zeichnen“

Tools

Du hast die Ellipsen für die Mindmap von Hand gezeichnet. Nun sollen sie beschriftet werden. Dazu klickst du im Reiter **Zeichnen** in der Registerkarte **Tools** auf den Button „Eingabe“.

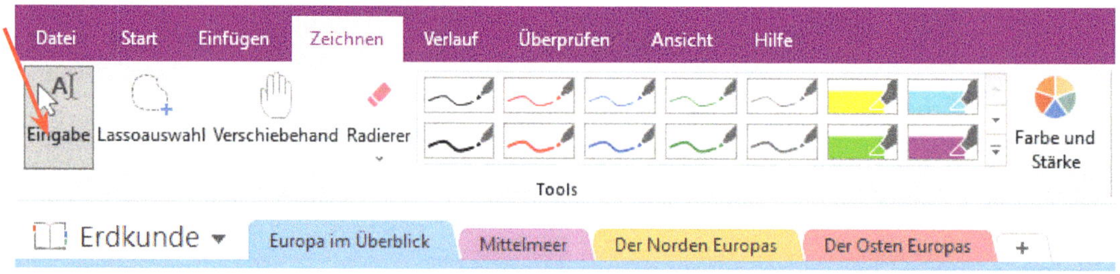

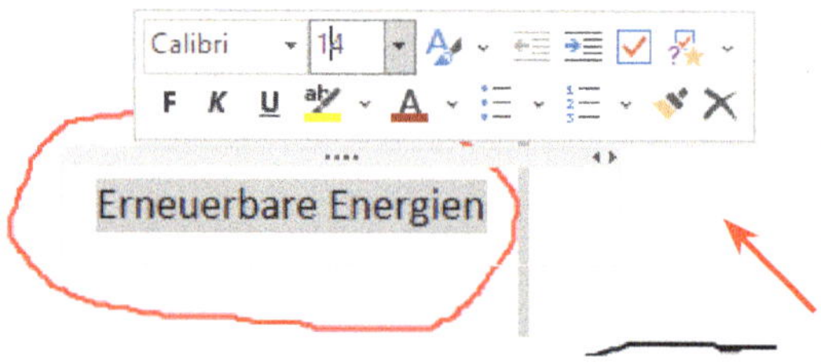

Danach klickst du z. B. in die zentrale Ellipse und kannst dort den Titel der Mindmap eingeben. Wenn du die Schrift mit der Maus markierst, erscheint neben dem Text ein Menü.
Damit kannst du die Schriftart, die Schriftgröße und die Schriftfarbe wählen, aber auch noch weitere Formatierungen wie **fett**, *kursiv* oder unterstrichen vornehmen.

Aufgabe 1

Beschrifte die übrigen Ellipsen mit den Titeln „Windkraft“, „Photovoltaik“, „Wasserkraft“ und „Biomasse“. Wähle jeweils unterschiedliche Farben und Schriften.

Nun sollen weitere Angaben und Ergänzungen zu diesen vier Energiearten gemacht werden.
Dazu gehst du beispielsweise so vor:
Ellipse „Windkraft“ → Linie zeichnen (Stift und Farbe wählst du aus) → **Eingabe** anklicken → dort klicken, wo du den Text eingeben möchtest → den Begriff „offshore“ eingeben.

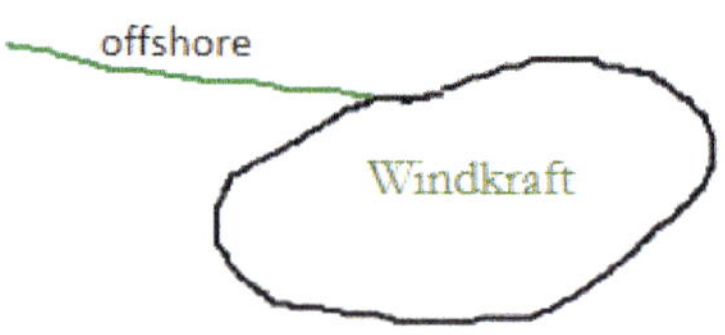

Aufgabe 2

Es wird darüber gestritten, wie groß der Abstand der Windräder von Siedlungen sein soll. Die Grenze von 1 000 m wird von vielen als zu groß angesehen; bei diesen Abständen könnten die Ausbauziele für die Windkraft nicht erreicht werden.

Schreibe diesen Text auf die OneNote-Seite „Erneuerbare Energien“ neben die Linie von „offshore“. Markiere mit grünem Marker, was dir besonders wichtig erscheint.
Dies könnte dann vielleicht so aussehen:

Es wird heute oft darüber gestritten, wie groß der Abstand der Windräder sein soll.
Die Grenze von 1000 m wird von vielen als zu groß angesehen: bei diesen Abständen könnten die Ausbauziele für die Windkraft nicht erreicht werden.

Die Funktion „Zeichnen“

Formen

Du hast einige Ergänzungen an der Seite „Erneuerbare Energien“ vorgenommen und dabei den **Stift** zum Zeichnen und den **Marker** zum Markieren wichtiger Stellen genutzt. Zur Veranschaulichung sind zudem Bilder und Grafiken sinnvoll. Das soll im nächsten Schritt geschehen.

- Suche im Internet ein bis zwei Grafiken, die den Strommix darstellen.
- Suche im Internet zu zwei Themenfeldern jeweils ein Bild.
- Speichere alles in deinem Verzeichnis.

Zwei dieser Bilder sollen in ein Rechteck eingefügt werden, damit es aussieht, als hätten sie einen Rahmen. Öffne dazu die OneNote-Seite „Erneuerbare Energien“.
Klicke unter dem Reiter **Einfügen** in der Registerkarte **Bilder** auf den gleichnamigen Button, wähle das entsprechende Bild auf deinem Rechner aus und füge es auf der Seite ein. Verändere die Größe so, dass es gut auf die Seite passt.
Wiederhole den Vorgang für das zweite Bild.

Klicke anschließend in der Registerkarte **Formen** auf den Stift und wähle dort Stärke und Farbe aus. Klicke nun auf die obere linke Ecke des Bildes. Es erscheint ein Kreuz. Mit gedrückter linker Maustaste legst du nun den Rahmen um das Bild.
Wiederhole den Vorgang für das zweite Bild.

Verbinde zum Schluss das jeweilige Rechteck mit der passenden Ellipse. Benutze dazu den schwarzen Stift und platziere die Grafik an einer geeigneten Stelle.

Die Seite könnte am Ende so aussehen:

Aufgabe

Nimm weitere Ergänzungen nach deinen Wünschen vor.

Die Funktion „Zeichnen“

Text konvertieren

Jetzt geht es um die Möglichkeiten der Registerkarte **Konvertieren**. Wie bereits in den Vorbemerkungen angedeutet, wird der Vorteil hier nur dann wirklich genutzt, wenn du mit einem Touchscreen arbeiten kannst.
Nimm dazu eine leere Seite im Notizbuch **Deutsch**.

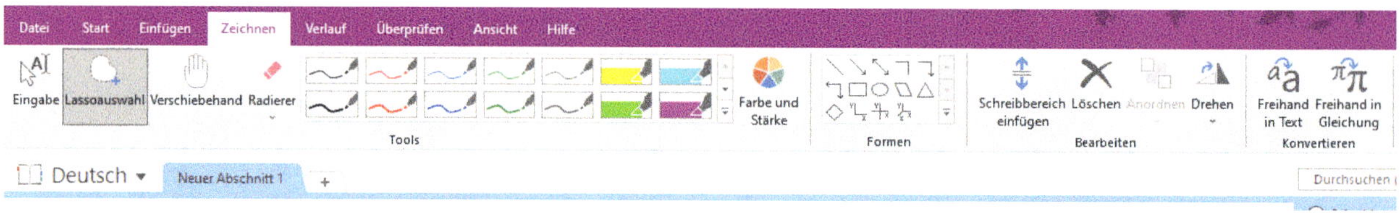

Im Reiter **Zeichnen** entscheidest du dich in der Registerkarte Tools für einen Stift deiner Wahl und schreibst an einer beliebigen Stelle auf der Seite das Wort „Deutsch“.

Jetzt klickst du in der Menüleiste unter **Tools** auf den Button „Lassoauswahl“.

Der Cursor ändert sein Aussehen, er hat nun die Form eines Kreuzes (+).
Setze das Kreuz an die obere linke Seite des Wortes „Deutsch“ und umfahre es mit gedrückter linker Maustaste, sodass es ganz von der Linie eingefangen ist. Du fängst das Wort ein – wie mit einem Lasso. Es steht nun in einem Rechteck.

Im nächsten Schritt klickst du auf den Button „Freihand in Text“ in der Registerkarte **Konvertieren**.

Dort, wo du handschriftlich mit dem Stift (oder der Maus) geschrieben hast, steht nun „Deutsch“ als Text.

Es kann sein, dass das Konvertieren nicht immer funktioniert oder der Text mit kleinen Fehlern übertragen wird. Es ist aber im Großen und Ganzen gesehen eine Erleichterung der Arbeit.

Aufgabe

Schreibe auf der Seite „Deutsch“ im Notizbuch **Deutsch** noch folgende Wörter handschriftlich und konvertiere sie dann in Text:

- In Druckschrift: „Buch“ und „Heft“
- In Schreibschrift: „schreiben“ und „lesen“

Die Funktion „Zeichnen“

Gleichung konvertieren

OneNote kann neben Text auch handschriftliche Formeln in Gleichungen konvertieren. Für das Beispiel nimmst du am besten eine leere Seite im Notizbuch **Mathematik**.

In der Registerkarte **Tools** unter dem Reiter **Zeichnen** suchst du dir einen Stift aus und schreibst an einer beliebigen Stelle auf der Seite die Formel $U = 2 \cdot \pi\, r$.

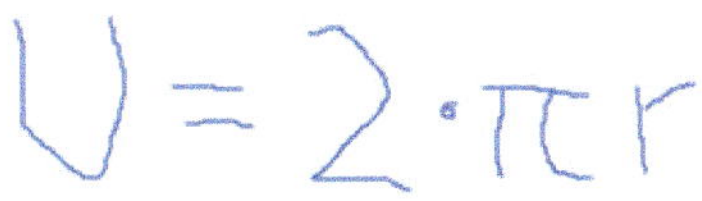

Jetzt klickst du in der Menüleiste unter **Tools** auf den Button „Lassoauswahl“.

Der Cursor ändert sein Aussehen, er hat nun die Form eines Kreuzes (+).
Setze das Kreuz an die obere linke Seite der Formel und umfahre sie mit gedrückter linker Maustaste, sodass sie ganz von der Linie eingefangen ist. Die Formel steht nun in einem Rechteck.

Im nächsten Schritt klickst du auf den Button „Freihand in Gleichung“ in der Registerkarte **Konvertieren**.

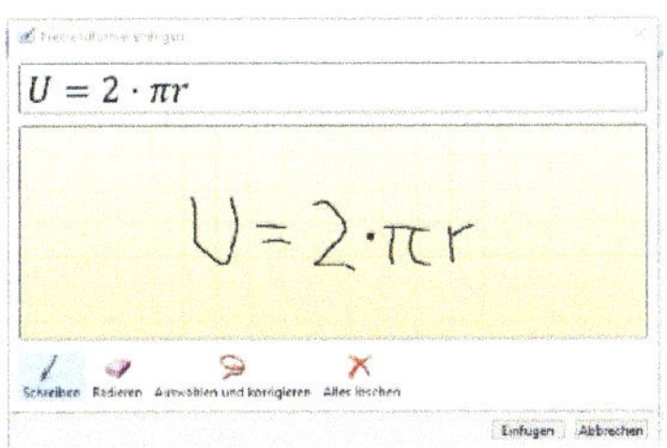

Jetzt erscheint ein Menü auf dem Bildschirm.
Hier könntest du noch Fehler korrigieren.

Da die Konvertierung jedoch einwandfrei funktioniert hat, kannst du direkt den Button „Einfügen“ anklicken.

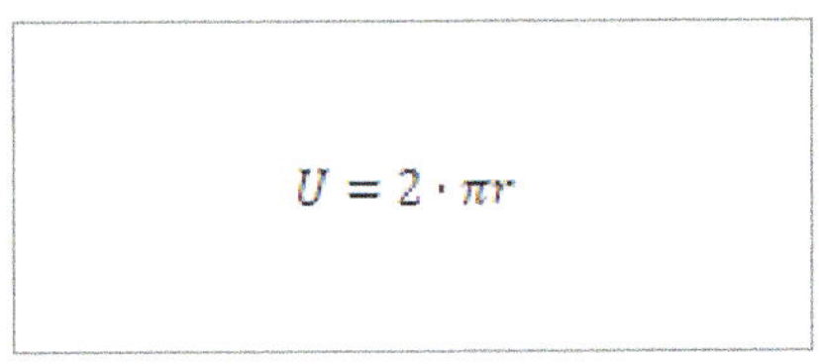

Dort, wo du handschriftlich mit dem Stift (oder der Maus) geschrieben hast, steht nun die Formel als Text.

Aufgaben

1. Schreibe auf der Seite „Mathematik“ im Notizbuch **Mathematik** folgende Formeln handschriftlich und konvertiere sie:
   $y = x^2$
   $U = 2 \cdot a + 2 \cdot b$
2. Suche dir noch zwei weitere Formeln aus und konvertiere sie ebenfalls.

Neue schnelle Notiz erstellen

Um sich schnell eine Notiz zu machen, weil einem gerade ein wichtiger Gedanke gekommen ist, hat OneNote die Funktion **Neue schnelle Notiz**. Du findest sie unter dem Reiter **Ansicht** in der Registerkarte **Fenster**.

Mit einem Klick auf diesen Button erscheint ein neues Fenster auf dem Bildschirm. In das freie Feld, das nun über der eigentlichen Seite liegt, kannst du deine Notiz eingeben.

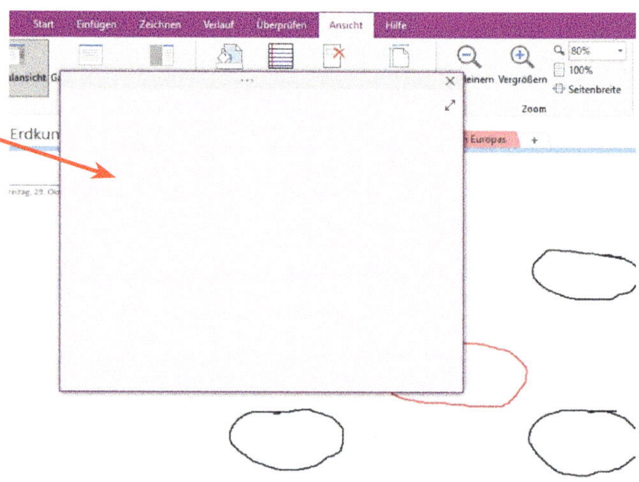

Nach dem Klick auf die Seite, an der du arbeitest, ist die Notiz zwar vom Bildschirm verschwunden, aber gespeichert. Und zwar im Notizbuch **Schnelle Notizen**, das von OneNote automatisch angelegt wird. Du findest dieses Verzeichnis am linken Bildrand unter den Notizbüchern, die du für deine Arbeit angelegt hast.

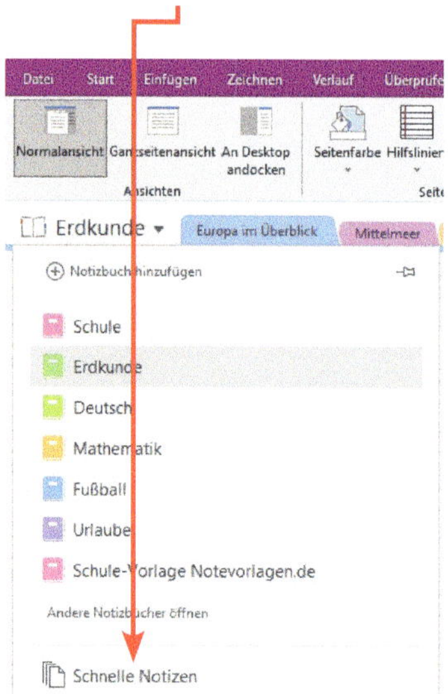

Manchmal ist es einfacher, eine schnelle Notiz mit einer Tastenkombination aufzurufen, statt mehrfach auf den Bildschirm zu klicken. Wenn du in OneNote arbeitest und dir gerade etwas einfällt, drückst du diese Tastenkombination:

Windows + Alt + N

Sofort erscheint das Feld, in das du deine Notiz eingeben und speichern kannst.

Du kannst bei deiner Arbeit nach schnellen Notizen suchen, indem du in der Notizbuchliste den Button „Schnelle Notizen" anklickst. Dort findest du alle Notizen, die du während deiner Arbeit angelegt hast. Wenn du bestimmte Notizen nicht mehr benötigst, weil du das Thema behandelt und erledigt hast, kannst du sie selbstverständlich löschen:

Schnelle Notiz markieren → Rechtsklick → Löschen.

In OneNote suchen

Mit der Zeit wächst der Umfang an Notizbüchern, Abschnitten und Seiten immer weiter an, sodass du leicht den Überblick verlieren könntest, wenn du nach einer bestimmten Sache suchst.

Das ist in OneNote aber kein Problem.

Du hast beispielsweise verschiedene Unterlagen zum Thema „Mittelmeer“ gesammelt und möchtest gerne wissen, wo etwas über die „Pinie“ zu finden ist.
Öffne dazu zunächst OneNote.

© by-studio – stock.adobe.com

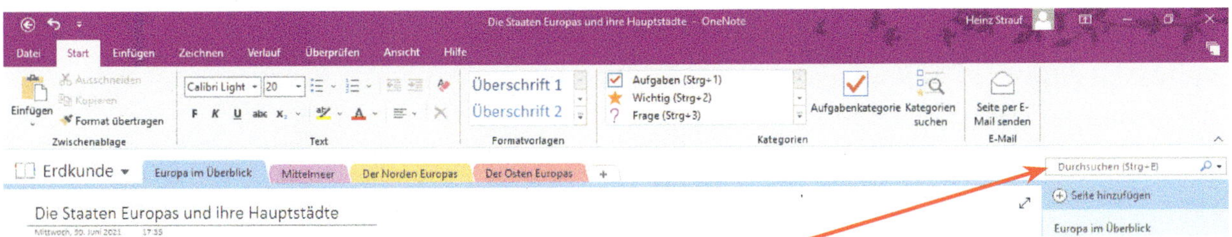

Am rechten Rand findest du das Feld **Durchsuchen**.
Klicke hinein und gib deinen Suchbegriff ein, in diesem Fall „Pinie“.

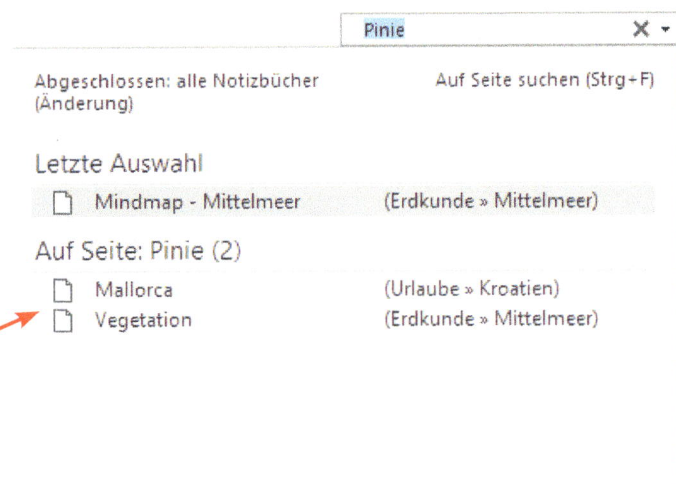

Sofort ändert sich der Bildschirm an dieser Stelle.
OneNote sucht automatisch alle Notizbücher durch und zeigt dir genau an, wo du den Begriff „Pinie“ findest, z. B. hier:

Notizbuch → Erdkunde
Abschnitt → Mittelmeer
Seite → Vegetation

Du siehst also auf einen Blick, wie oft und an welchen Stellen der Suchbegriff zu finden ist. So kannst du schnell entscheiden, wo du dich weiter informieren oder Ergänzungen vornehmen willst.

Vielleicht ist dir aufgefallen, dass unter dem Suchfeld zwei Hinweise stehen:

- Abgeschlossen: alle Notizbücher
- Auf Seite suchen

Damit kannst du deine Suche einschränken. Ferner ist bei der Eingabe zu beachten, dass OneNote nicht zwischen Groß- und Kleinbuchstaben unterscheidet. Außerdem ergänzt OneNote die Eingabe. Wenn du z. B. „Mit“ eingibst, zeigt dir OneNote alle Begriffe, die mit dieser Buchstabenkombination beginnen.

Einen Text aus einem Bild erkennen

Du hast sicher schon oft Texte oder Ausschnitte von Berichten gesehen, die du für deine Recherchen brauchen kannst. Ein einfaches Mittel, diese Texte zu speichern, ist das Fotografieren mit dem Smartphone. Das geht blitzschnell, du benötigst keine weiteren Hilfsmittel und kannst die Aufnahme auch schon vorläufig bearbeiten, indem du sie z. B. so zuschneidest, dass nur noch der Text im Bild zu sehen ist.

Das Problem ist jetzt nur, dass dir der Text als **Foto** vorliegt. Du würdest ihn aber lieber als echten Text zur Verfügung haben. Hier kann OneNote helfen:

Öffne in OneNote das Notizbuch **Urlaube**, füge eine Seite hinzu und gib als Titel „Mallorca" ein.
Klicke auf die Seite und in der Menüleiste unter dem Reiter **Einfügen** in der Registerkarte **Bilder** auf den gleichnamigen Button. Suche dann das Bild, das du auf der Seite einbinden möchtest. Die Seite sieht dann so oder ähnlich aus.

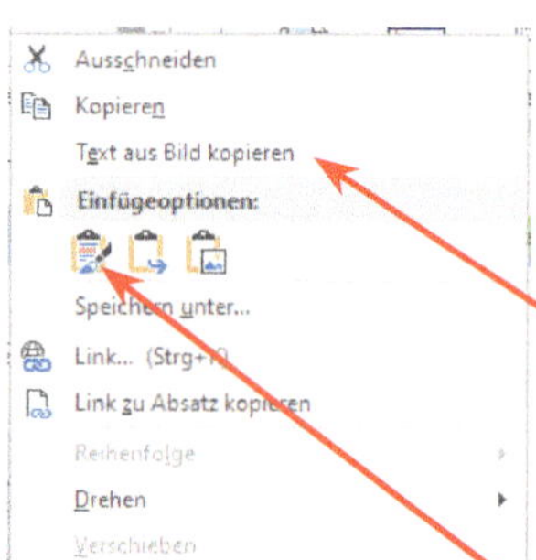

Klicke nun mit der rechten Maustaste auf das Bild. Es erscheint ein neues Menü.
Klicke hier den Punkt **Text aus Bild kopieren** an.

Jetzt klickst du (wieder mit der rechten Maustaste) auf der Seite an die Stelle, an der der Text erscheinen soll.

Es erscheint erneut das Menü mit verschiedenen Möglichkeiten, den Text einzufügen. Klicke auf das erste Bildchen („Ursprüngliche Formatierung beibehalten"). Die Seite könnte nun so aussehen:

Artikel: © dpa, z. B. zu finden unter https://www.geo.de/reisen/reiseziele/auf-dem-wanderweg-gr-221-mallorca-entdecken-30878862.html oder https://www.travelbook.de/outdoor/wandern/mallorca-wanderweg-gr-221

Der Text aus dem Bild ist (fast) komplett übernommen worden, nur das große **W** am Anfang des Textes wurde nicht erkannt. Es ist aber sicher einfacher, einen Buchstaben zu ergänzen, als den kompletten Text aus dem Bild abzuschreiben.

Den Text neben dem Bild kannst du nun bearbeiten, z. B.

- Schriftgröße verändern
- Text kürzen (oder ergänzen)
- auf eine andere Seite verschieben

Aufgabe

Fotografiere zwei Texte mit dem Smartphone, füge sie als Bilder in OneNote-Seiten ein und wandele sie in Texte um.

Notizbuch mit anderen teilen

Bei manchen Themen arbeitest du mit anderen Personen zusammen, um beispielsweise ein Projekt fertigzustellen. Wie ist das bisher oft abgelaufen?
Mit Mike, Emma und Sina hast du einen Termin vereinbart, zu dem alle ihre Arbeitsergebnisse mitbringen und vorstellen sollen. Dazu werden die Seiten ausgedruckt. Und dann geht die Arbeit los: Den Abschnitt von Mikes Seite, zwei Bilder und Grafiken von Sina, einen kleinen Abschnitt von Emma, du hast die Einleitung ins Thema verfasst und eine Gliederung – Wie bekommt man das jetzt alles zusammen?
Das geht mit OneNote zum Glück einfacher. Damit alle in der Gruppe über den Stand der Arbeit informiert sind, bekommen sie Zugriff auf das entsprechende Notizbuch und können somit jederzeit die Zwischenergebnisse der anderen einsehen. Und das geht so:

Beispielhaft soll das Notizbuch **Erdkunde** geteilt werden.
Öffne dafür OneNote.

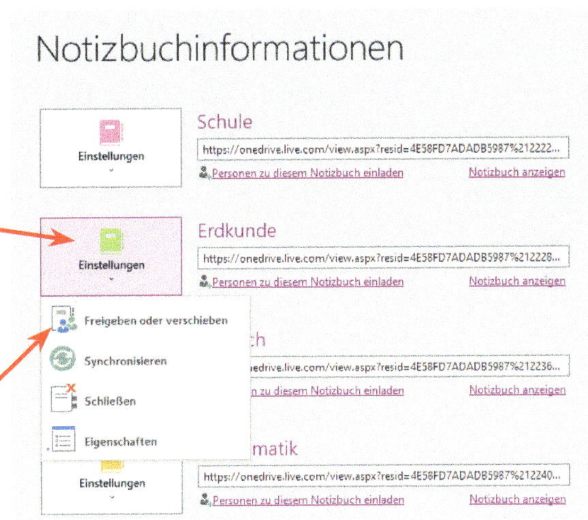

Klicke auf den Reiter **Datei** und dort auf den Button „Einstellungen“ neben dem Notizbuch **Erdkunde**. Es öffnet sich ein neues Fenster.
Unter „Einstellungen“ findest du nun vier Möglichkeiten, von denen du die erste wählst: „Freigeben oder verschieben“, weil du das Notizbuch ja mit den anderen teilen möchtest.

Jetzt öffnet sich ein weiteres Fenster.
Du möchtest das Notizbuch zur Bearbeitung freigeben, also klickst du auf den ersten Button.

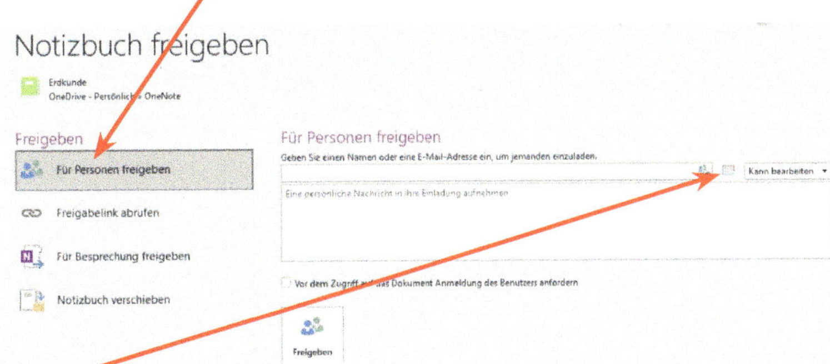

Im Eingabefeld rechts daneben gibst du die E-Mail-Adressen deiner Mitschülerinnen und Mitschüler ein, mit denen du das Notizbuch teilen möchtest.
Wenn du die E-Mail-Adressen unter deinen Kontakten gespeichert hast, kannst du sie dir durch einen Klick auf den Adressbuch-Button anzeigen lassen und einfügen. Das erspart dir die manuelle Eingabe der Adressen.
Neben diesem Eingabefeld kannst du noch auswählen, ob das Notizbuch deinen Mitschülerinnen und Mitschülern nur angezeigt wird oder ob sie es auch bearbeiten dürfen.

In das große Eingabefeld darunter kannst du ihnen eine Mitteilung schreiben.

Mit einem Klick auf den **Freigeben**-Button wird das Notizbuch für die angegebenen Personen schließlich freigegeben.

Notizbuch mit anderen teilen

Freigabelink

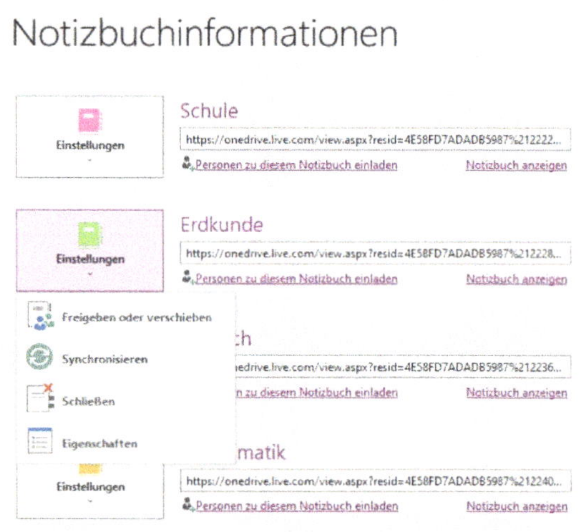

Du hast bereits gesehen, wie du ein Notizbuch mit anderen Personen teilen kannst, damit sie gemeinsam mit dir an einem Projekt arbeiten können. Wenn daran eine größere Gruppe arbeiten oder Einblick bekommen soll, bietet es sich an, diesen Personen einen Freigabelink auf das entsprechende Notizbuch zu erteilen, der z. B. auf Plattformen oder in Chatgruppen kopiert und damit verbreitet werden kann.
Auch dafür hat OneNote eine Lösung, die zunächst wie die Freigabe des Notizbuches zuvor verläuft:
Notizbuch öffnen und im Reiter **Datei** unter „Einstellungen“ die Möglichkeit „Freigeben oder verschieben“ wählen.

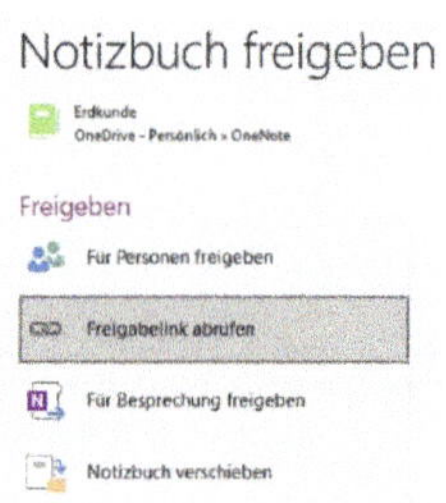

Statt „Für Personen freigeben“ wählst du nun allerdings „Freigabelink abrufen“.

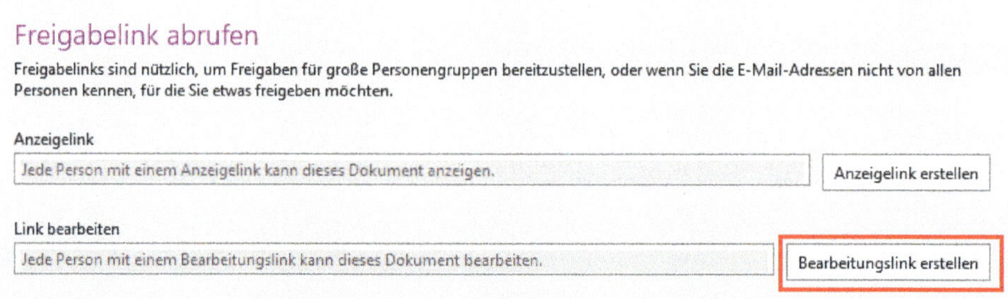

Da alle Gruppenmitglieder an der OneNote-Seite mitarbeiten sollen, klickst du auf den Button „Bearbeitungslink erstellen“ am Ende der Zeile.

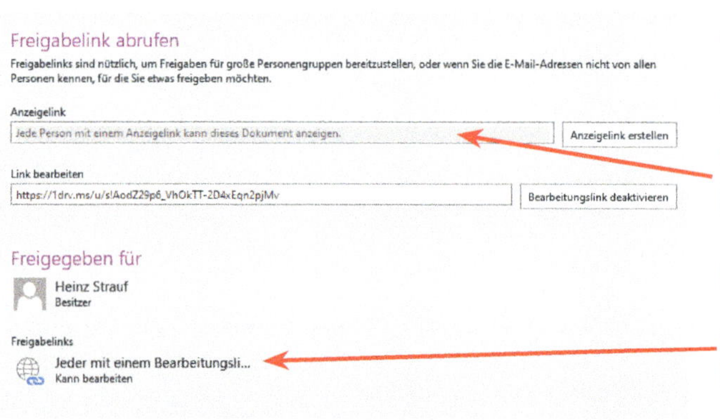

Jetzt erscheinen zwei Hinweise:

In dieser Zeile ist der Link zu sehen, den diejenigen anklicken können, für die die Bearbeitung der Seite freigeschaltet ist.

Im unteren Teil siehst du den Hinweis „Jeder mit einem Bearbeitungslink kann bearbeiten“.

Einer gemeinsamen Arbeit an dem Projekt steht nun nichts mehr im Weg.

Notizbuch löschen

Du hast im Laufe der Zeit viel mit OneNote gearbeitet und zu den ursprünglichen Notizbüchern noch weitere für die Schule oder für dich persönlich angelegt. Irgendwann stellst du fest, dass die Gefahr besteht, die Übersicht über die ganzen Notizbücher zu verlieren. Da hilft am Ende womöglich nur eins: Löschen.

Beispielhaft soll im Folgenden das Notizbuch **Sport** gelöscht werden. Wie gehst du vor? Öffne OneNote und klicke auf **Datei**. Du siehst nun alle deine Notizbücher. Scrolle so weit, bis du das Notizbuch **Sport** siehst.

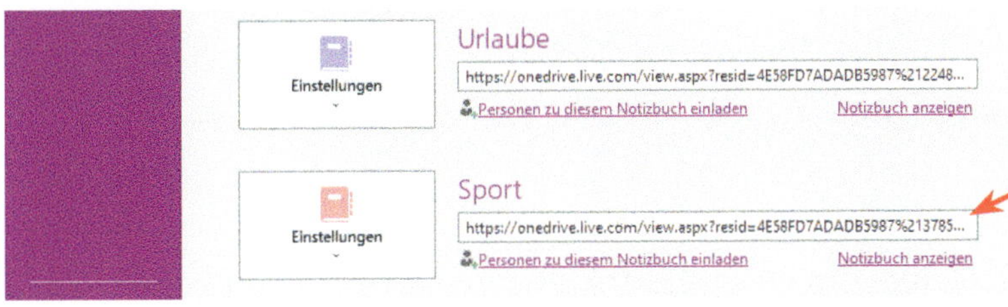

In dieser Zeile siehst du, wo das Notizbuch gespeichert ist, nämlich in der Cloud „OneDrive" und nicht auf deinem Rechner.

Öffne nun im Dateimanager das Verzeichnis „OneNote" in der Cloud. Es ist möglich, dass du dich hier noch einmal bei Microsoft® anmelden musst, so wie du es bei der Installation gemacht hast.

Suche sodann in der Cloud im Verzeichnis „OneNote" die Datei „Sport" und markiere sie, indem du die Datei anklickst. Wenn du sicher bist, dass du sie löschen möchtest, klickst du in der Menüleiste in der Registerkarte **Organisieren** auf den Button „Löschen".

Den Löschvorgang kannst du alternativ auch mit einem Rechtsklick auf den Dateinamen vornehmen; dann öffnet sich ein neues Fenster, in dem du „Löschen" anklickst.

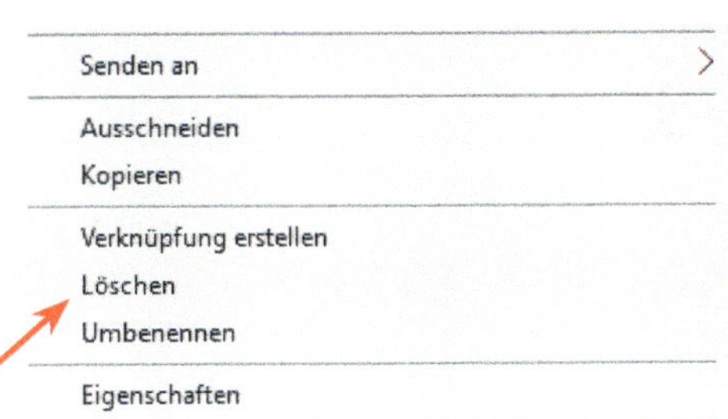

Jetzt ist die Datei in der Cloud gelöscht.

Öffne noch einmal OneNote und gehe auf den Reiter **Datei**.

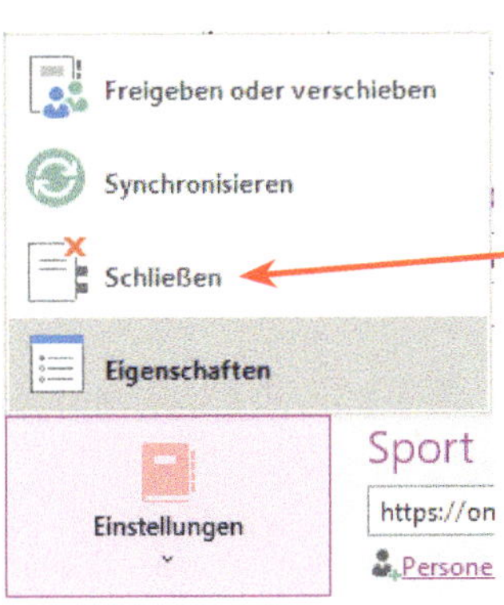

Gehe zu dem Notizbuch, das du gerade in der Cloud gelöscht hast, und klicke auf den Button „Einstellungen". Es öffnet sich ein kleines Fenster.
Klicke darin auf „Schließen".
Wenn das Notizbuch hier nicht geschlossen wird, versucht OneNote ständig, die Notizbücher zu synchronisieren.

Beachte, dass das Verzeichnis jetzt auch für alle Personen, die bisher Zugriff auf das Notizbuch hatten, gelöscht ist.

Web Clipper

Installation

Eine sehr nützliche Erweiterung für OneNote ist der **Web Clipper**. Gerade bei der Onlinerecherche ist dieses kleine Programm eine erhebliche Erleichterung. Der Name deutet bereits an, was dieses Tool kann:

- Es geht um das Web.
- Es geht darum, Teile von Webseiten (Clips) auszuschneiden.

Dieses Tool lässt sich in jeden modernen Webbrowser integrieren (im Beispiel wurde mit dem Browser „Firefox" gearbeitet). Gib dort diese Adresse ein: *https://www.onenote.com/clipper.*

Mit der Abfrage rechts soll sichergestellt werden, dass OneNote Web Clipper als Erweiterung zum Browser hinzugefügt werden soll. Du bestätigst sie mit einem Klick auf den Button „Zu Firefox hinzufügen".

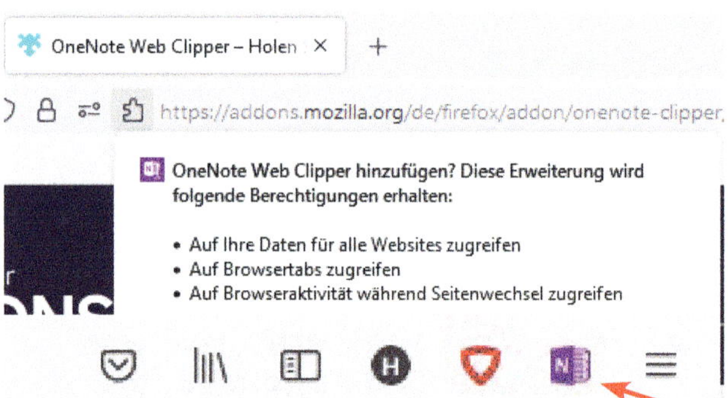

Anschließend erscheint ein Fenster, in dem es um die Berechtigung von Abfragen geht. Da Web Clipper zum Browser hinzugefügt werden soll, bestätigst du die Abfrage mit einem Klick auf „Hinzufügen".

Abhängig vom jeweiligen Browser wird nun in der Menüleiste angezeigt, dass Web Clipper installiert ist.

Nun öffnet sich ein neues Fenster. Damit Web Clipper installiert wird, musst du dich anmelden. Am einfachsten funktioniert das mit einem Microsoft®-Konto, das du schon für die Installation von OneNote benötigt hast.

Die Abfragen gehen im Anschluss weiter. So wirst du gefragt, auf welche Daten OneNote Web Clipper zugreifen darf.

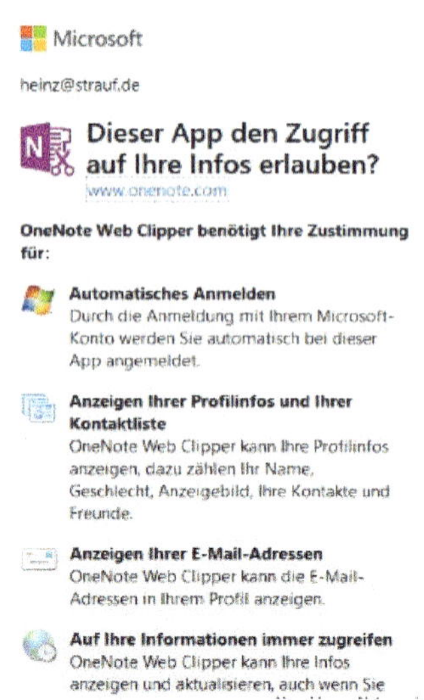

Web Clipper

Anmeldung

Jetzt ist es bald so weit, dass du Web Clipper ausprobieren und anwenden kannst.

Du öffnest eine Webseite, von der du Informationen für eine Seite in OneNote haben möchtest. In unserem Beispiel zum Thema „Urlaub in Kroatien“:

Interessant für dich ist aber weniger die Werbung am rechten Rand, und auch die Reste der Artikel oben und unten stören. Du möchtest nur den Abschnitt „Die schönsten Regionen in Kroatien“ übernehmen.

Klicke also im Webbrowser auf den Button **Web Clipper**.

Es öffnet sich dadurch ein neues Fenster: Bevor du Web Clipper nutzen kannst, musst du dich noch einmal mit deinem Konto anmelden.

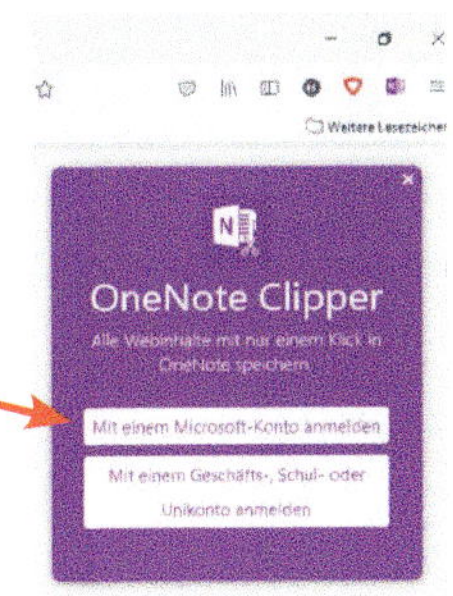

Danach erscheint ein Fenster, mit dem abgefragt wird, was von dieser Seite in OneNote übernommen werden soll.

Da du nur einen Teil der Webseite haben möchtest, klickst du auf „Bereich“.

Mit gedrückter Maustaste wählst du nun den gewünschten Bereich aus. Dieser wird ausgeschnitten, sobald du die Maustaste loslässt.

Kroatien: © hajdar – stock.adobe.com

Web Clipper

Funktion

Jetzt kommt fast das gleiche Bild noch einmal.

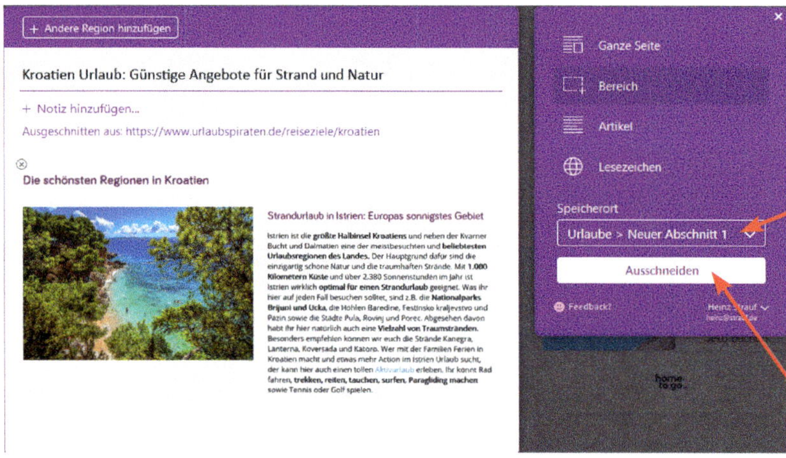

Hier wirst du gefragt, wo der Ausschnitt gespeichert werden soll. Im Drop-down-Menü werden dir dazu alle Notizbücher angezeigt, die du bereits gespeichert hast. Du wählst das entsprechende Notizbuch aus und bestätigst mit einem Klick auf den Button „Ausschneiden".

In der Zeit, in der Web Clipper den Bereich ausschneidet, erscheint eine Mitteilung, dass die Übertragung läuft. Wenn der Prozess abgeschlossen ist, erscheint dieser kleine Bildschirm.

Natürlich möchtest du jetzt das Ergebnis sehen, also klickst du auf den Button „In OneNote anzeigen".
Am Ende sieht die Seite in OneNote so (oder ähnlich) aus:

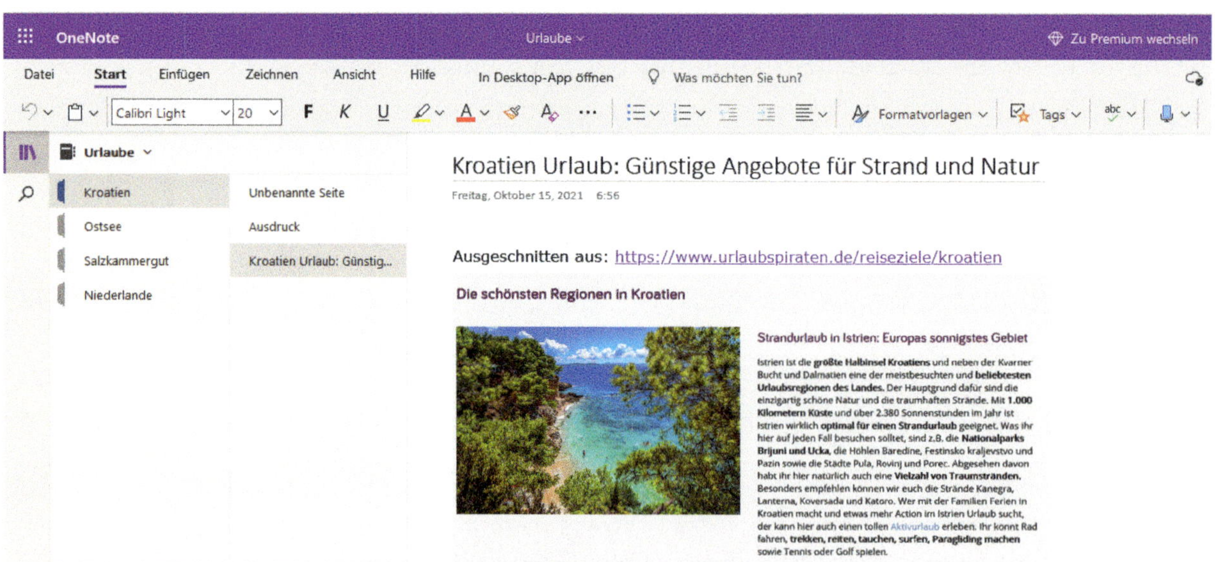

Hier erkennst du alle wichtigen Dinge: Das Notizbuch **Urlaube**, den Abschnitt „Kroatien", die Seite „Kroatien Urlaub" mit den Hinweisen auf die Webseite und den entsprechenden Inhalt.

Kroatien: © hajdar – stock.adobe.com

Web Clipper

Beispiele

Du hast nun gesehen, wie man mithilfe von Web Clipper Webseiten in OneNote einbinden kann. Es gibt vielfältige Möglichkeiten, davon Gebrauch zu machen. Du wirst sicherlich im Rahmen deiner Arbeit noch weitere Einsatzmöglichkeiten finden. Hier nur ein paar Beispiele als Anregung:

<table>
<tr><th>Urlaub</th><th>Recherche</th></tr>
<tr>
<td>
Du kannst Bilder aus den Urlaubsregionen sammeln.

© travelview – stock.adobe.com

Auch Ausschnitte aus Reiseberichten kannst du einfügen.

Natürlich dürfen Angebote von Reiseveranstaltern sowie Hotels oder Ferienwohnungen nicht fehlen.

© Thomas Reimer – stock.adobe.com

Eventuell möchtest du auch Fahrpläne (für Bahnfahrten oder Flüge) speichern.

© alice_photo – stock.adobe.com
</td>
<td>
Für die Themen deiner Referate (z. B. für das Fach Erdkunde) musst du umfangreich recherchieren.

© Apugraphics – stock.adobe.com

Da kann es um Berichte über die ausgesuchten Landschaften gehen oder über Diagramme zum Klima.

© lembergvector – stock.adobe.com

Vielfach benötigst du auch Karten oder Kartenausschnitte.

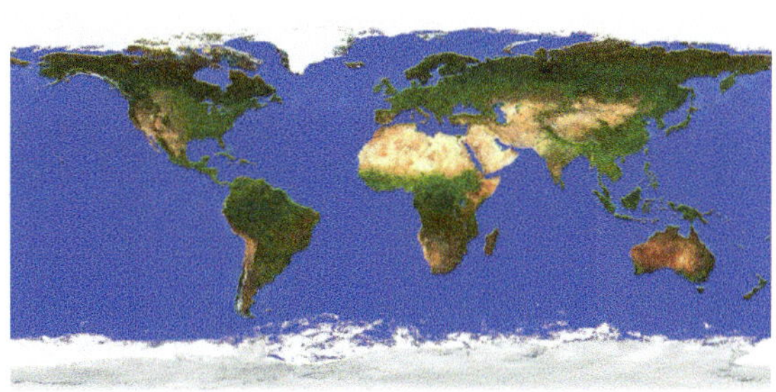

© rolffimages – stock.adobe.com
</td>
</tr>
</table>

Aufgabe

Füge mindestens fünf Ausschnitte aus verschiedenen Webseiten in einer Seite „Übung" in dein Notizbuch **Urlaube** ein.

Lerntools

Installation

Die Herstellerfirma bietet einige Möglichkeiten, OneNote zu erweitern, beispielsweise mit dem Add-in **Lerntools**. Mithilfe dieses Tools kann die Schrift auf dem Bildschirm geändert und der Lesegeschwindigkeit angepasst werden.

Die Installation erfolgt in wenigen Schritten:
OneNote muss vor der Installation des Add-ins geschlossen werden.
Im Netz suchst du die Microsoft®-Seite, von der aus das Add-in geladen und installiert werden kann.

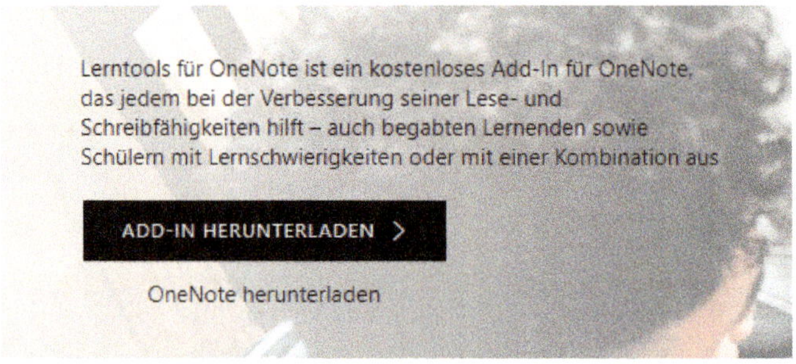

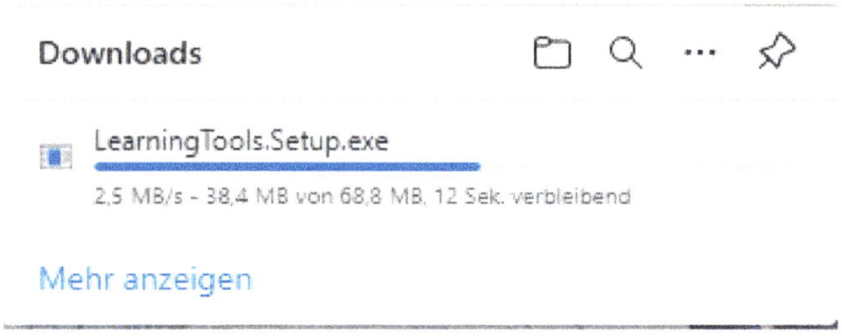

Während des Downloads wird dir der Fortschritt angezeigt.

Dann musst du den Lizenz- und Nutzungsbedingungen zustimmen, indem du das Häkchen im entsprechenden Kästchen setzt.

Nach der Installation öffnest du wieder OneNote. Jetzt ist auf dem Startbildschirm die Menüleiste durch den Reiter **Lerntools** erweitert.

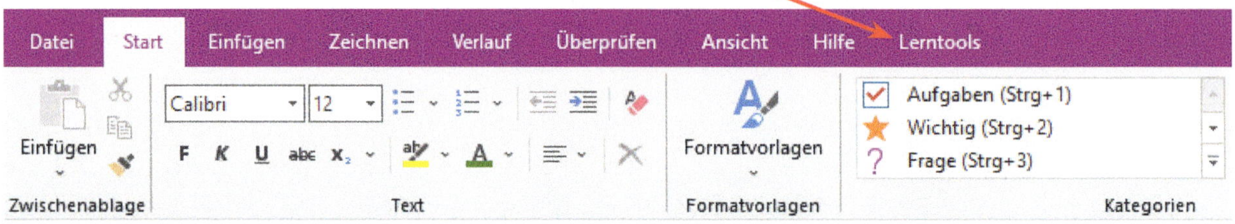

Plastischer Reader

Klickst du in der Menüleiste auf **Lerntools**, öffnet sich dieses Untermenü:

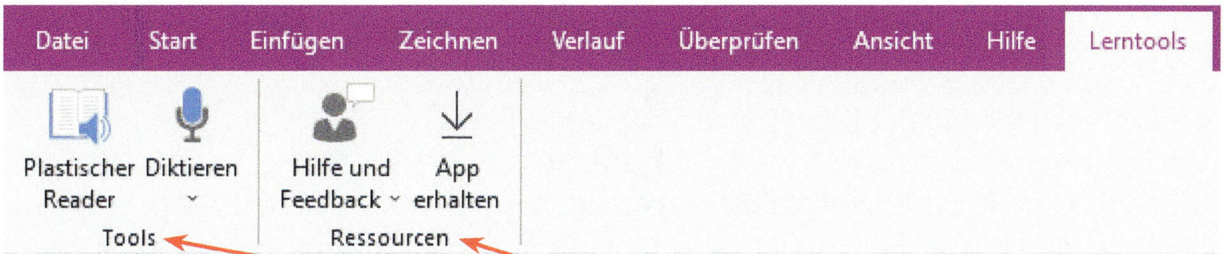

Du siehst hier die beiden Gruppen **Tools** und **Ressourcen**, wobei eigentlich nur die erste Gruppe für deine Arbeit interessant ist.
Der **Plastische Reader** erleichtert das Lesen von Texten nicht nur für Schülerinnen und Schüler mit einer Leseschwäche. Probiere dieses Tool doch einfach aus.

Öffne dazu ein Notizbuch mit einem kürzeren oder längeren Text, z. B. im Notizbuch **Schule** den Abschnitt „Mein erstes Notizbuch", und setze den Cursor an die Stelle, ab der der Text angezeigt werden soll.

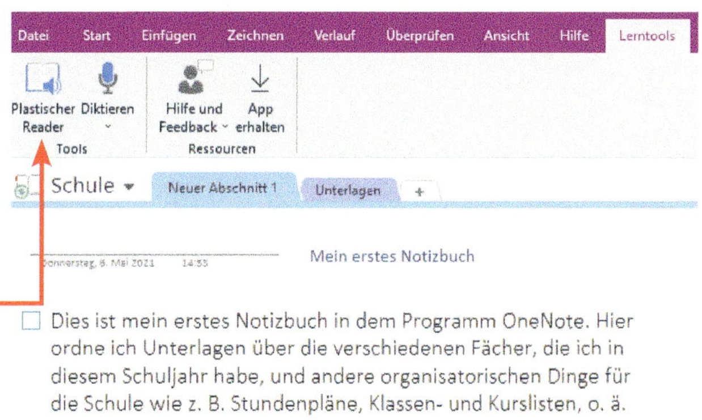

Mit dem Klick auf **Plastischer Reader** ändert sich der Bildschirm: OneNote verschwindet, dafür öffnet sich ein blanker Bildschirm, auf dem nur der Text in großer, gut lesbarer Schrift zu sehen ist.

Du siehst hier rechts den Text in großer Schrift. Mit einem Klick auf den Pfeil unter dem Text läuft der Text auf dem Bildschirm weiter. Mit einem Klick auf die zwei Balken unter dem Text kannst du den Text an jeder beliebigen Stelle anhalten.

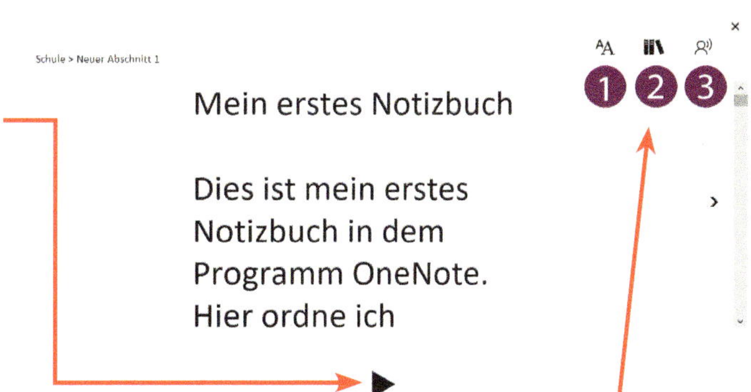

Interessant sind die drei Zeichen in der oberen rechten Ecke, mit denen du Änderungen am Text vornehmen kannst und auf die gleich noch kurz eingegangen wird:

1. Schriftgröße und -arten
2. Wortarten, Silben
3. Sprechgeschwindigkeit

Lerntools

Du hast den Bildschirm mit dem Text jetzt vor dir und siehst in der oberen rechten Ecke drei Zeichen.

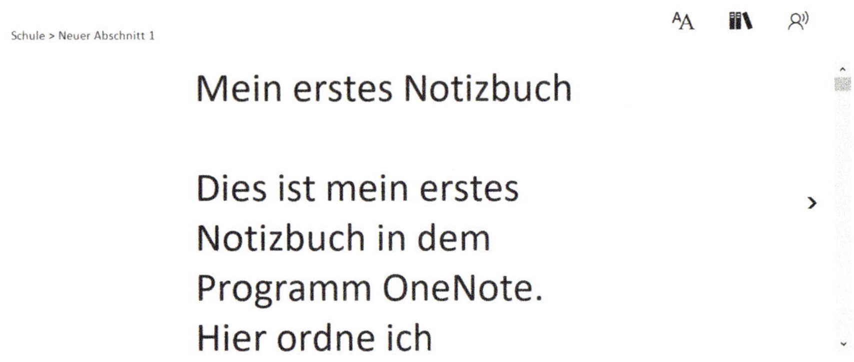

Mit einem Klick auf AA öffnet sich folgendes Menü:	Mit einem Klick auf (Symbol) öffnet sich folgendes Menü:	Mit einem Klick auf (Symbol) öffnet sich folgendes Menü:
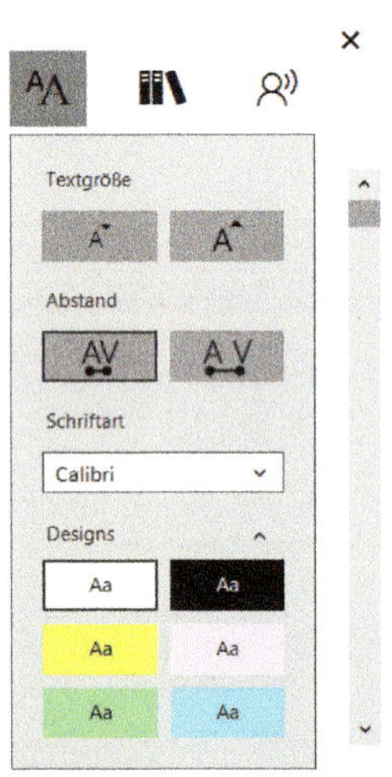		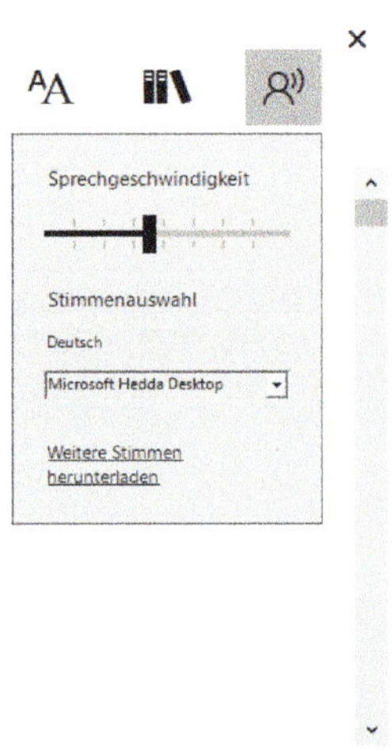
Du kannst • die Schrift vergrößern oder verkleinern. • den Abstand zwischen Buchstaben verändern. • die Schriftart wählen. • das Design (die Hintergrundfarbe) ändern.	Über diesen Button kannst du bestimmte Kriterien im Text besonders hervorheben. So kannst du Nomen, Verben oder Adjektive beim Vorlesen farbig markieren. Die Wörter können auch in Silben getrennt werden.	Bei diesem Menüpunkt geht es um die Sprechgeschwindigkeit, in der der Text vorgelesen wird. Sie lässt sich über den Schieberegler einstellen. Außerdem ist es möglich, die Stimme, mit der vorgelesen wird, zu ändern.

Aufgabe

Suche einen Text in einem deiner Notizbücher und probiere die vielfältigen Möglichkeiten dieses Tools aus.

Diktieren

Wenn du die Gruppe **Tools** öffnest, findest du dort neben dem Button „Plastischer Reader" noch den Button „Diktieren".

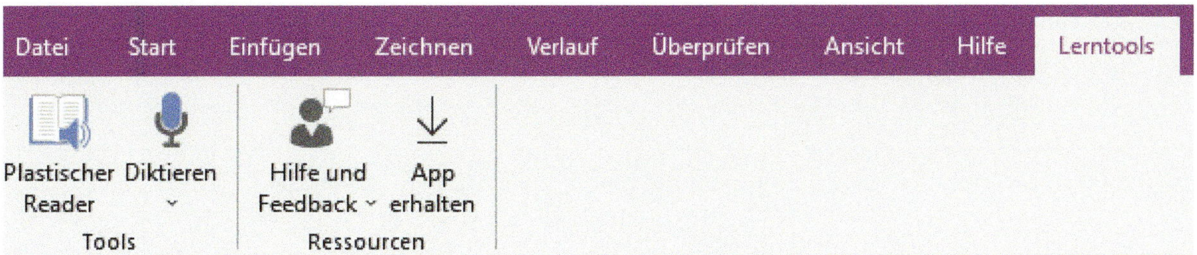

Über den Pfeil stellst du zunächst die Sprache ein, die Voreinstellung ist „Deutsch".

Erstelle beispielsweise im Notizbuch **Deutsch** eine neue Seite und klicke auf den Button „Diktieren". Im Button erscheint nun ein roter Punkt.
Jetzt kannst du einen Text aufnehmen. Dabei solltest du darauf achten, dass es keine lauten Nebengeräusche gibt.

Der Text erscheint mit einer kleinen Zeitverzögerung auf der neuen Seite. Damit im Text auch die Satzzeichen gesetzt werden, kannst du diese mit bestimmten Befehlen mitdiktieren.
Hier die wichtigsten Befehle:

Gewünschtes Satzzeichen, Layout	Gesprochener Befehl
.	*Punkt*
,	*Komma*
?	*Fragezeichen*
!	*Ausrufezeichen*
:	*Colon*
;	*Semikolon*
Neue Zeile	*Neue Zeile*
Neuer Absatz	*Neuer Absatz*

Bist du mit dem Diktieren des Textes fertig, klickst du wieder auf den Button „Diktieren".

Der Text steht nun vollständig auf der Seite in deinem Notizbuch.
Falls es bei der Übertragung einen Fehler gegeben haben sollte, kannst du ihn jetzt korrigieren. Diese Vorgehensweise ist auf jeden Fall einfacher, als den gesamten Text schreiben zu müssen.

Aufgabe

Diktiere einen Text zu einem beliebigen Thema in deinem Notizbuch **Schule**.